LA LANGUE GÉNIALE

Andrea Marcolongo est helléniste, diplômée de l'Università degli Studi de Milan. Elle a beaucoup voyagé et a vécu dans dix villes différentes, dont Paris, Dakar, Sarajevo et Livourne aujourd'hui. Elle a travaillé comme plume auprès de personnalités politiques. Comprendre le grec a toujours été pour elle le problème à résoudre et elle lui a dédié une bonne partie de ses nuits d'insomnies.

ANDREA MARCOLONGO

La Langue géniale

9 bonnes raisons d'aimer le grec

Avant-propos à l'édition française
par Andrea Marcolongo

TRADUIT DE L'ITALIEN PAR BÉATRICE ROBERT-BOISSIER

LES BELLES LETTRES

Titre original :

LA LINGUA GENIALE. 9 RAGIONI PER AMARE IL GRECO

ISBN : 978-2-253-25764-6 – 1re publication LGF

À Livourne,
à Sarajevo,
pour moi

AVANT-PROPOS À L'ÉDITION FRANÇAISE

par
Andrea Marcolongo

Voici des jours, des semaines même, que je réfléchis à la manière dont je pourrais ouvrir cette préface à l'édition française de mon premier livre né il y a exactement un an, le 22 septembre 2016, et publié aujourd'hui aux Belles Lettres.

S'il est vrai que toute histoire est une histoire d'amour, du moins pour moi qui suis tombée amoureuse petite fille du grec ancien, sur lequel j'ai fini par écrire une fois devenue femme, mon histoire personnelle avec Les Belles Lettres est aussi une histoire d'amour, et les deux sont même parfaitement contemporaines.

C'est pourquoi j'ai choisi les mots de Marcel Proust pour tenter de rendre réels, et hors du temps à la fois, les liens qui me rattachent à la « collection Budé » et à cette maison d'édition dont le symbole, la chouette d'Athéna capable de voir ce que l'œil humain ne peut encore distinguer, a marqué toutes mes études sur la langue antique que j'aime le plus au monde.

Proust écrit en effet dans la *Recherche* :

« Comme les différents hasards qui nous mettent en présence de certaines personnes ne coïncident pas avec le temps où nous les aimons, mais, le dépassant, peuvent se produire avant qu'il commence et se répéter après qu'il a fini, les premières apparitions que fait dans notre vie un être destiné plus tard à nous plaire, prennent rétrospectivement à nos yeux une valeur d'avertissement, de présage[1]. »

Comment ne pas évoquer mon propre souvenir, petite fille, appliquée à calligraphier mes premiers mots hésitants en grec ancien, dans ce qui était alors pour moi un alphabet inconnu et presque magique, sous l'œil attentif du professeur qui nous disait, à nous autres apprentis, qu'un jour lointain nous pourrions lire les textes grecs de la collection Budé, la collection la plus importante au monde ?

Comment oublier mon premier jour à l'université, à Milan, en première année de ces « lettres classiques » jugées par tous mortes et enterrées, inutiles pour comprendre le monde des années 2000 après J.-C., bref, une condamnation certaine au chômage à une époque réclamant l'informatique, la technologie, la vitesse, la rapidité ? Le bibliothécaire de l'Université publique de Milan nous expliquait à nous, une poignée de jeunes

1. Marcel Proust, *À la recherche du temps perdu*, texte établi sous la direction de J.-Y. Tadié, Paris, Gallimard (Quarto), 1999, p. 304. *(N.d.T.)*

de vingt ans arrivés de toute l'Italie, comment accéder à la bibliothèque dédiée aux lettres classiques, il nous montrait le classement des rayons, nous prodiguait des conseils sur la consultation et le prêt.

« Et enfin, à droite, vous trouverez toute la collection Budé. Gardez en mémoire que la couverture jaune est celle des textes grecs, et la rouge celle des textes latins. » Devant moi s'ouvrait, avec une simple carte d'accès, la porte vers les textes dont j'avais toujours rêvé sans jamais pouvoir les toucher. Je me souviens que ce fut à ce moment précis, tenant entre les mains les tragédies d'Euripide qui me menèrent ensuite au diplôme, que les mots des Grecs sont revenus à demeure chez moi, dans leur forme la plus pure, précise, complexe comme le sont les choses importantes de la vie. Une forme cristalline, comme chaque texte de la collection Budé.

Je me souviens aussi d'un voyage à Paris, il y a quelques années, pour des raisons professionnelles. Je parvins à m'échapper de la conférence uniquement pour courir à la librairie des Belles Lettres au numéro 95 du boulevard Raspail. J'y restai une heure, peut-être deux, je consultai autant de livres que possible et je fis l'acquisition de bien cinq ou six essais sur les sophistes – je travaillais alors avec l'helléniste italienne Maria Grazia Ciani à une nouvelle traduction du *Palamède* de Gorgias. À Paris, tout le monde photographie la Tour Eiffel, et moi je pris un cliché devant la vitrine, une photo que je conserve encore et qui est près de moi au moment où j'écris – présage.

La vitrine de la librairie Guillaume Budé avec à l'intérieur le «mur» de la Collection des Universités de France, dite Budé.

Et le jour où l'on m'annonça que Les Belles Lettres allaient traduire mon livre, je me mis à pleurer. Je pleurai de joie dans la gare de Caserte, au sud de l'Italie, après une présentation d'ouvrage, seule sur un banc face au quai où j'attendais un train en retard, cherchant quelqu'un avec qui partager cette émotion, en vain. C'est pour cette raison que j'essaie maintenant de partager avec vous, lecteurs, cette immense émotion.

Voir mon premier livre traduit en français est pour moi un pur émerveillement. Parce que *La Langue géniale* est le récit d'une langue, le grec ancien, qui n'a jamais cessé de séduire les hommes et les femmes de toutes les époques et de toute provenance, par sa grâce, son élégance, et surtout son étrangeté.

Traduire signifie, selon le latin, prendre le lecteur par la main, l'accompagner au-delà de sa façon de penser par le biais d'une langue inconnue afin de dévoiler la magie, lever le voile sur le sortilège des mots et les faire devenir une réalité surprenante, une passion.

C'est pourquoi voir mes propres mots nés dans une langue, l'italien, pour raconter une autre langue – ce grec que Virginia Woolf appelait en 1905 *the Magic Language* –, accoster dans un nouveau port, celui de la langue française, tient pour moi de la véritable magie !

Comme si la manière caractéristique des Grecs de voir le monde à travers les mots – depuis leur façon toute particulière de penser le temps jusqu'à l'expression du désir, de savoir dire l'amour et dépasser la barrière du genre des choses et de la vie – avait entrepris un nouveau voyage.

Tout comme Ulysse, et grâce à cette édition des Belles Lettres, mon livre se trouve désormais en chemin, celui de la langue grecque qui dure depuis désormais plus de deux mille ans et qui est pourtant toujours capable de nous parler, à la recherche que nous sommes de la « maison de nos mots » que nous ne trouvons plus, notre Ithaque du langage.

Il n'est pas de voyage qui parvienne à destination sans que l'on ait à se mesurer à la différence rencontrée sur le trajet : le grec est irrémédiablement différent, c'est pour cela que nous en ressentons une certaine souffrance, comme une histoire d'amour que nous n'avons pas vécue, mais à laquelle nous avons toujours aspiré.

Peu importe que vous connaissiez le grec ou non, ce livre est dédié à tout être humain qui cherche les mots pour pouvoir se dire en sa propre contemporanéité. *La Langue géniale* n'est pas un manuel traditionnel ni un essai académique, pas plus qu'une leçon donnée du haut d'une chaire ; c'est une syntaxe de l'âme au travers de cette langue si ancienne et pourtant plus moderne que jamais : le grec.

Avec ce livre, le grec ancien est revenu à demeure chez moi qui l'ai toujours aimé, et maintenant il revient chez vous, il revient chez lui, dans votre manière de penser, dans vos mots et dans vos gestes quotidiens.

Il revient parce qu'il n'est jamais parti : classique ne veut pas dire ancien, mais désigne ce « qui n'a jamais fini de dire ce qu'il a à dire[1] », selon Italo Calvino. À travers *La Langue géniale*, le grec ancien a beaucoup à vous dire – et à vous demander.

Quand avez-vous dit véritablement « je t'aime » pour la dernière fois ? Quand vous êtes-vous donnés tout entier pour réaliser un rêve ? Quand vous êtes-vous sentis vraiment libres de disposer de votre vie et donc contraints d'assumer la responsabilité héroïque, grecque, de prendre une décision qui a changé pour toujours le cours de votre existence ?

1. Italo Calvino, *Pourquoi lire les classiques*, trad. par J.-P. Manganaro, Paris, Seuil (Points), 1995, p. 9. *(N.d.T.)*

La Langue géniale démontre ce que je pense depuis toujours, depuis que je suis tombée amoureuse du grec et que j'en ai fait la boussole de ma vie cosmopolite, entre joies et douleurs, dans un monde actuel débordant de contradictions : il n'y a pas de langues mortes ou non qui tiennent, il y a en revanche des langues fécondes telles que le grec, si fertiles qu'elles font partie de votre langue maternelle, si puissantes qu'elles font partie de vous.

Au terme de la lecture, peut-être éprouverez-vous de la nostalgie, non d'une époque comme celle de l'antique Athènes, mais d'une manière de voir le monde et de savoir l'exprimer en mots, si claire, si directe, si incisive, née et pensée à mesure humaine, à celle de l'homme grec. La nostalgie des choses que nous n'avons pas vécues et que nous ne vivrons jamais, mais dont nous avons besoin.

Platon disait que la pensée est « le dialogue intérieur [...] de l'âme avec elle-même[1] ». J'espère que vous aussi, comme moi, vous saurez dialoguer avec vous-mêmes en toute authenticité et sincérité humaine, à travers mon récit révolutionnaire du grec ancien.

Andrea MARCOLONGO
22 septembre 2017

---

1. Platon, *Le Sophiste* (263e), in *Œuvres complètes*, t. VIII, 3e partie, texte établi et traduit par A. Diès, Paris, Les Belles Lettres (CUF), 2011. *(N.d.T.)*

NOTE DU TRADUCTEUR

• Dans le système éducatif italien, le lycée classique *(liceo classico)* est un type d'établissement secondaire auquel les élèves accèdent au sortir des trois années de l'équivalent de notre collège et où ils restent cinq ans (de 14 à 19 ans environ). Le cursus se divise en deux années de *ginnasio (quarta* et *quinta ginnasio*, du mot grec *gymnasion)* et trois de lycée *(prima*, *seconda* et *terza)* durant lesquelles est privilégié l'enseignement des disciplines littéraires et des lettres classiques. Longtemps voie unique d'accès à l'université, il reste aujourd'hui une filière prestigieuse pour poursuivre des études supérieures, même dans les domaines scientifiques.

• Sont suivis d'un astérisque les quelques mots ajoutés dans la version française pour les besoins de la traduction.

Α α alpha *(ἄλφα)*	Β β bêta *(βῆτα)*	Γ γ gamma *(γάμμα)*	Δ δ delta *(δέλτα)*
Ε ε epsilon *(ἐψιλόν)*	Ζ ζ zêta *(ζῆτα)*	Η η êta *(ἦτα)*	Θ θ thêta *(θῆτα)*
Ι ι iota *(ἰῶτα)*	Κ κ kappa *(κάππα)*	Λ λ lambda *(λάμβδα)*	Μ μ mu *(μῦ)*
Ν ν nu *(νῦ)*	Ξ ξ xi *(ξῖ)*	Ο ο omicron *(ὄμικρον)*	Π π pi *(πί)*
Ρ ρ rhô *(ῥῶ)*	Σ σ sigma *(σίγμα)*	Τ τ tau *(ταῦ)*	Υ υ upsilon *(ὐψιλόν)*
Φ φ phi *(φῖ)*	Χ χ khi *(χῖ)*	Ψ ψ psi *(ψῖ)*	Ω ω ômégа *(ὠμέγα)*

Introduction

«La mer brûle les masques,
le feu du sel les incendie.
Des hommes pleins de masques
prennent feu sur le littoral.

Toi seule pourras résister
dans le brasier du carnaval.
Toi seule qui sans masques
dissimules l'art d'exister.»

Giorgio CAPRONI, *Cronistoria*[1].

Il est «étrange» – très étrange – «de vouloir connaître le grec, de s'efforcer de connaître le grec, de se sentir attiré par cette langue, et d'essayer toujours d'en imaginer le sens, mais à partir d'on ne sait quels détails incongrus, et d'on ne sait quelle vague ressemblance avec le sens réel du grec», écrit Virginia Woolf. Parce que, «ignorants que nous sommes, nous

1. Giorgio Caproni, «Et l'espace était un feu», *L'Œuvre poétique*, traduction par J.-Y. Masson, édition par I. Lavergne et J.-Y. Masson, Paris, Galaade, 2014, p. 91. *(N.d.T.)*

resterons toujours les derniers de la classe, puisque nous ne savons pas quel était le son des mots grecs, ni où précisément nous devrions rire».

Moi aussi je suis *étrange*, très *étrange*.

Et je suis heureuse de l'être, car c'est ce qui m'a conduit à écrire ce livre consacré au grec ancien, sans que rien le laisse présager, comme toutes les belles choses que la vie nous réserve. Et c'est ainsi que je me suis obstinée non seulement à vouloir connaître le grec, mais même à le raconter.

À *vous* le raconter. Toujours comme dernière de la classe, naturellement, mais, maintenant, je sais peut-être au moins où précisément nous devrions rire.

Langue morte et langue vivante.

La torture du lycée classique et les aventures d'Ulysse.

Traduction ou hiéroglyphes.

Tragédie ou comédie.

Compréhension ou malentendu.

Amour et désamour, surtout.

Et donc la révolte.

Comprendre le grec, ce n'est pas une question de talent mais d'engagement, comme la vie d'ailleurs.

Si j'ai écrit ces pages, c'est parce que, petite fille, je suis tombée amoureuse du grec ancien : il est en fin de compte l'histoire d'amour la plus longue de ma vie.

Aujourd'hui, devenue femme, je voudrais essayer de donner (ou de rendre) un peu d'amour à ceux qui ont vu leur flamme s'éteindre : c'est-à-dire presque tous ceux qui ont eu affaire à cette langue *enfants*, puis presque *adultes*, au lycée. Et je voudrais même faire s'éprendre de cette langue ceux qui ne la connaissent pas du tout.

Oui, ce livre parle avant tout d'amour : l'amour pour une langue, mais surtout envers ceux qui la parlent, ou, si personne ne la parle plus, envers ceux qui l'étudient parce qu'ils y sont contraints ou bien parce qu'ils sont irrésistiblement attirés par elle.

Cela n'a donc pas d'importance que vous connaissiez le grec ancien ou non. Il n'y aura pas d'examen du bac à la fin de l'année ni de devoir surprise – en revanche, des surprises, il y en aura, et pas qu'un peu.

Cela n'a pas d'importance non plus que vous ayez étudié les langues anciennes à l'école. Si ce n'est pas le cas, tant mieux. Si je suis capable de vous guider dans le labyrinthe du grec au fil de ma fantaisie, vous arriverez au terme du chemin avec de nouvelles conceptions du monde et de la vie, quelle que soit la langue dans laquelle vous l'exprimerez en mots.

Si c'est le cas, c'est encore mieux. Si je parviens à répondre à des questions que vous ne vous êtes jamais posées ou qui n'ont jamais reçu de réponse, peut-être qu'à la fin de cette lecture, vous aurez retrouvé des fragments de vous-mêmes perdus dans une jeunesse passée à étudier le grec sans bien comprendre *pourquoi*, et qui pourront vous être utiles, très utiles, aujourd'hui.

Dans les deux cas, ces pages seront l'occasion, entre vous et moi, de *jouer à penser en grec ancien*.

Chacun d'entre vous, au cours de sa vie, a dû avoir affaire au grec et aux Grecs. Que ce soit les jambes serrées sous les bancs du lycée, au théâtre devant une tragédie ou une comédie, dans les couloirs blafards de l'un des nombreux musées archéologiques d'Italie ou de France* : à chaque fois, *être grec* ne semble jamais rien signifier de bien plus passionnant ni vivant qu'une statue de marbre.

À tous, sans exception, on a dû dire à un moment ou à un autre (ou bien on ne l'a même pas dit, parce que depuis plus de deux mille ans la rumeur qui circule est toujours la même, si bien qu'elle est désormais gravée dans la peau et dans la tête de tout Européen) : « Tout ce qui a été dit ou fait sur cette terre de beau et d'incomparable a été dit ou fait pour la première fois par les Grecs de l'Antiquité. » Et donc en grec ancien.

Presque personne n'en a une connaissance directe ; la seule certitude est qu'un *Grec de l'Antiquité qui parle le grec ancien*, cela n'existe plus. On en a seulement « entendu parler », ou bien même pas, comme je le disais précédemment : c'est comme cela et point final, depuis des siècles.

Notre prétendu *héritage culturel grec* nous a donc été généreusement transmis par un peuple antique que nous ne comprenons pas, dans une langue ancienne que nous ne comprenons pas.

C'est formidable.

Elle est terrible, la situation de celui qui ne comprend pas mais à qui on a dit qu'il *doit* aimer : il commence immédiatement par détester.

En apparence, devant les marbres du Parthénon ou le théâtre de Syracuse, nous sommes fiers des Grecs et du grec ancien, comme si c'était là l'œuvre de nos ancêtres, de nos arrière-grands-parents éloignés. On aime à les imaginer sous le soleil dans une petite île, occupés à inventer la philosophie ou l'histoire, ou bien assis dans un théâtre à flanc de colline assistant à une tragédie ou à une comédie, ou bien encore, la nuit, admirant un ciel rempli d'étoiles, tout à la découverte de la science et de l'astronomie.

Mais en réalité, au fond de nous, nous ne nous sentons jamais très sûrs de nous, comme si, interrogés sur une histoire qui n'est pas la nôtre, nous avions oublié *quelque chose* de la Grèce antique. Et ce *quelque chose* que nous ne comprenons pas est précisément la langue grecque.

« Le Grec : un moment étrange, insensé, tragique, de l'histoire de l'humanité[1] », pour citer Nikos Dimou et tout son malheur d'être grec.

Donc, non seulement nous abordons cet *héritage culturel* du grec ancien en *déshérités* et en *inadaptés*, mais si nous essayons de reprendre ne serait-ce qu'une miette de ce que la grécité nous a laissé en don, nous sommes livrés en pâture à l'un des systèmes scolaires les plus rétrogrades et obtus au monde (à mon humble avis, naturellement, et toujours en tant que *dernière de la classe*, peut-être même, après ce livre, en tant qu'élève recalée et renvoyée).

Le lycée classique, tel qu'il est conçu, semble n'avoir d'autre but que de garder les Grecs et leur langue le plus inaccessibles possible, muets et glorieux là-haut sur l'Olympe, nimbés d'une crainte respectueuse qui se mue souvent en terreur divine et en désespoir tout ce qu'il y a de plus terrestre.

Les méthodes d'approfondissement utilisées,

---

1. Nikos Dimou, *Du malheur d'être grec*, traduction par Eurydice Trichon-Milsani, Paris, Payot, 2016 [2012], p. 88, aphorisme 188. *(N.d.T.)*

exception faite d'une poignée d'enseignants éclairés, ont pour résultat garanti la haine plutôt que l'amour pour quiconque ose s'approcher de la langue grecque. La conséquence en est la capitulation totale face à cet *héritage* dont nous ne voulons plus, parce qu'à peine l'effleurons-nous que nous nous heurtons à l'incompréhension, et prenons la fuite, terrorisés. La plupart brûlent les vaisseaux du grec derrière eux à peine libérés des obligations scolaires.

Nombreux seront les lecteurs qui reconnaîtront dans ce livre les souvenirs moites de leurs angoisses, de leurs efforts, de leur colère, de leur frustration à l'égard du grec ancien, *en se reconnaissant dans les miens*. Et pourtant ces pages naissent de la conviction que cela n'a pas de sens de connaître ce dont on ne se souvient pas, surtout si c'est quelque chose que l'on a étudié à la sueur de son front pendant au moins cinq ans.

Ce livre n'est donc pas une grammaire conventionnelle du grec ancien, ni descriptive ni normative. Il n'a aucune prétention académique (il y en a déjà beaucoup trop depuis des millénaires).

Bien sûr, il prétend à la passion et au défi. Il raconte de façon littéraire (et non littérale) certaines caractéristiques de la langue magnifique et élégante qu'est le grec ancien : sa manière de s'exprimer foudroyante, synthétique, ironique, franche, dont nous éprouvons, soyons sincères, une nostalgie inconsciente.

Le grec ancien, quoi qu'on ait pu vous dire (et surtout ne pas vous dire), est avant tout une langue.

Chaque langue, avec tous les mots qui la composent, sert à décrire un monde. Et ce monde, c'est le vôtre.

C'est grâce à la langue que vous pouvez formuler une idée, faire parler une émotion, communiquer votre état, exprimer un désir, écouter une chanson, écrire des poèmes.

À notre époque où nous sommes toujours connectés à *quelque chose*, et rarement à *quelqu'un*, où les mots sont tombés en désuétude, remplacés par des « emoji » et autres pictogrammes modernes, dans ce monde toujours plus rapide et cette réalité si virtuelle que nous vivons désormais en différé avec nous-mêmes, en fait – en mots –, nous ne nous comprenons plus.

La langue, ou ce qu'il en reste, est en train de devenir toujours plus banale : combien d'entre vous ont passé un coup de téléphone (c'est-à-dire vraiment composé un numéro pour entendre une voix humaine) par amour aujourd'hui ? Et à quand remonte la dernière fois que vous avez écrit une lettre (c'est-à-dire avec un Bic et une feuille blanche) avant de lécher l'enveloppe et le timbre ?

Le décalage entre le sens d'un mot et son interprétation grandit d'heure en heure, de même que les malentendus, les non-dits, de manière directement proportionnelle aux regrets et aux échecs. Peu à peu, nous perdons la capacité à parler une langue, quelle qu'elle soit. De nous comprendre et de nous faire comprendre. De dire des choses complexes avec des mots simples, vrais, honnêtes : et telle est la puissance du grec ancien.

Cela paraîtra étrange (j'ai prévenu dès le départ que j'étais *étrange*), mais la lecture de ce livre consacré au grec pourra vous être utile chaque jour (et pas seulement pour un examen scolaire sur le tard : cela, c'est la vie qui s'en chargera).

Oui, parfaitement, on parle bien de *ce* grec ancien là. Abordé sans peur (et avec une bonne dose de folie), le grec se laisse regarder en face et il vous parle encore aujourd'hui. D'une voix forte, pure. Pour pouvoir penser, et donc dire, un souhait, un son, l'amour, la solitude, le temps : pour redevenir enfin maître de votre monde, maintenant, et le dire à votre façon. Parce que, pour citer une fois encore Virginia Woolf, « c'est au grec que l'on retourne lorsque nous sommes las de l'imprécision, de la confusion, et de notre propre époque ».

Écrire ce livre sur le grec ancien a été pour moi une expérience humaine extraordinaire. J'ai eu l'impression de recouvrer le sens des mots grecs écrits sur un tableau noir il y a mille ans et effacés sitôt le cours terminé, oubliés.

Je suis partie du souvenir de ce que j'étais, à peine sortie de l'enfance, en train de peiner sur un alphabet qui n'était pas le mien, pour arriver jusqu'à aujourd'hui, portant un regard complètement neuf sur la langue, et donc sur la nature humaine.

J'ai récupéré dans des cartons qui ont survécu à plus de dix déménagements des livres qui m'ont appartenu lorsque j'avais quatorze ans, où je notais à côté des déclinaisons le nom de mes voisins de classe, jusqu'aux manuels universitaires qui me suivent d'une vie à l'autre, de ville en ville, plus que les clés de toutes les maisons que j'ai habitées et quittées.

J'ai essayé de laisser derrière moi les pensées qui m'ont tourmentée pendant plus d'une décennie, en découvrant qu'il suffisait de les partager avec les gens autour de moi : ils étaient eux aussi en train d'en finir avec les mêmes pensées, la plupart du temps sans le savoir. Nous ne nous les étions jamais dites.

J'ai aidé des jeunes gens aux prises aujourd'hui, en 2016, avec le lycée classique pour apprendre justement de leur expérience : les questions qu'ils m'ont posées sont celles que je posais lorsque je débutais moi aussi en grec, et surtout dans la vie. Et une fois les questions posées, avec un peu d'obstination, il est impossible d'arrêter la curiosité ; c'est ce qui s'est passé pour moi, même si cela m'a pris du temps pour trouver ou pour imaginer la réponse.

J'ai ri avec de nombreux amis, des adultes aujourd'hui, qui sont passés par les mêmes mésaventures avec le grec ancien, et j'ai découvert que quiconque s'approche de cette langue se retrouve avec une collection d'anecdotes embarrassantes dans le tiroir. Voilà, c'est là précisément où nous devrions rire.

J'ai surtout essayé de raconter les petites étrangetés du grec ancien à ceux qui ne l'ont jamais étudié. Et, c'est à peine croyable, ils m'ont comprise, nous nous sommes compris. Et bien compris même. Peut-être même mieux.

Moi qui suis si *étrange*, j'ai appris à considérer le temps d'une manière différente, grâce à l'*aspect* de la langue grecque, et puis à le dire.

J'ai soufflé tellement de pissenlits en faisant des vœux à l'*optatif*, en mesurant bien ma volonté de les réaliser maintenant qu'il n'en reste plus beaucoup dans les champs, à Sarajevo, à la fin du printemps.

J'ai dit *je t'aime* au duel, un nombre de la langue grecque qui signifie *nous deux*, et nous seuls.

J'ai reconnu la cruauté du silence imposé, mais j'ai vu aussi qu'il y a certaines musiques que l'on ne fait pas qu'écouter, on les *regarde*.

J'ai même fait la paix avec mon prénom masculin, Andrea, une cause que je pensais désormais perdue.

En écrivant ce livre, «l'étrangeté que j'ai dans la tête» est devenue paradoxalement moins étrange. Somme toute et contre toute attente, j'ai réussi à exprimer, à moi et aux autres, beaucoup plus de choses, et non beaucoup moins, grâce au grec ancien – en le comprenant ou du moins en le devinant.

J'espère qu'il vous arrivera la même chose en lisant ce livre, et que vous parviendrez à sa fin en ayant su rire et vous amuser avec le grec ancien, au moins une fois dans votre vie.

Quand, jamais. L'aspect

«Le temps présent et le temps passé
sont tous deux présents peut-être dans le temps futur
et le temps futur contenu dans le temps passé.
Si tout temps est éternellement présent
tout temps est irrémissible.
[...] Des pas résonnent en écho dans la mémoire
le long du corridor que nous n'avons pas pris
vers la porte que nous n'avons jamais ouverte
sur le jardin de roses.»

Thomas S. ELIOT, «Burnt Norton»,
Quatre quatuors[1].

Le temps, cette prison qui est la nôtre : passé, présent, futur. Tôt, tard, aujourd'hui, hier, demain. Toujours. Jamais.

Le grec ancien se préoccupait peu, voire pas du tout, du temps. Les Grecs s'exprimaient en prenant

1. Thomas S. Eliot, «Burnt Norton», *Quatre quatuors*, édition bilingue, traduction par Pierre Leyris, Paris, Seuil (Points), 2006. *(N.d.T.)*

en considération l'*effet des actions sur le locuteur*. Eux, qui étaient libres, se demandaient toujours *comment*. Nous, qui sommes prisonniers, nous nous demandons toujours *quand*.

Non le caractère tardif ou précoce des choses, mais *comment elles adviennent*. Non le *moment* des choses, mais leur *déroulement*.

Non le temps, mais l'aspect. L'aspect est une catégorie de la langue grecque antique qui se rapporte à la qualité de l'action, sans la placer ni dans le passé, ni dans le présent, ni dans le futur. Fourmis ou cigales, nous sommes habitués à disposer ce qui nous arrive le long d'une ligne temporelle précise : chacun d'entre nous a la sienne, qu'elle soit droite ou en zigzag.

Les faits étaient considérés dans leur devenir concret, le temps n'arrivait qu'après avec d'autres catégories linguistiques de second plan – s'il arrivait, et parfois, souvent même, le *temps des choses* n'arrivait jamais.

Platon dans le *Timée*, 37e-38b, écrit au sujet du temps en employant toutes les variantes aspectuelles du verbe γίγνομαι, « devenir », et du verbe εἰμί, « être » :

> Ἡμέρας γὰρ καὶ νύκτας καὶ μῆνας καὶ ἐνιαυτούς, οὐκ **ὄντας** [présent] πρὶν οὐρανὸν **γενέσθαι** [aoriste], τότε ἅμα ἐκείνῳ συνισταμένῳ τὴν γένεσιν αὐτῶν μηχανᾶται· ταῦτα δὲ πάντα μέρη χρόνου, καὶ τό τ' **ἦν** [imparfait] τό τ' **ἔσται** [futur] χρόνου **γεγονότα** [parfait] εἴδη, ἃ δὴ φέροντες λανθάνομεν ἐπὶ τὴν ἀΐδιον οὐσίαν οὐκ ὀρθῶς. Λέγομεν γὰρ δὴ ὡς **ἦν** [imparfait] **ἔστιν** [présent] τε καὶ **ἔσται** [futur], τῇ δὲ τὸ **ἔστιν** [présent] μόνον κατὰ τὸν ἀληθῆ λόγον προσήκει, τὸ δὲ **ἦν** [imparfait]

τό τ' **ἔσται** [futur] περὶ τὴν ἐν χρόνῳ γένεσιν ἰοῦσαν πρέπει λέγεσθαι.

« En effet, les jours et les nuits, les mois et les saisons n'existaient point avant la naissance du Ciel, mais leur naissance a été ménagée, en même temps que le Ciel a été construit. Car tout cela, ce sont des divisions du Temps : le passé et le futur sont des espèces engendrées du Temps, et lorsque nous les appliquons hors de propos à la substance éternelle, c'est que nous en ignorons la nature. Car nous disons de cette substance qu'elle était, qu'elle est et qu'elle sera. Or, en vérité, l'expression *est* ne s'applique qu'à la substance éternelle. Au contraire *était*, *sera* sont des termes qu'il convient de réserver à ce qui naît et progresse dans le Temps[1]. »

Καὶ πρὸς τούτοις ἔτι τὰ τοιάδε, τό τε **γεγονὸς** [parfait] εἶναι **γεγονὸς** [parfait] καὶ τὸ **γιγνόμενον** [présent] εἶναι **γιγνόμενον** [présent], ἔτι τε τὸ **γενησόμενον** [futur] εἶναι **γενησόμενον** [futur] καὶ τὸ μὴ **ὂν** [présent] μὴ **ὂν** [présent] εἶναι, ὧν οὐδὲν ἀκριβὲς λέγομεν.

« Et outre cela, toutes les formules de ce genre : ce qui devint *est* devenu ; ce qui devient *est* en train de devenir, ou encore : le futur *est* le futur, ou encore : le non-être *est* le non-être, toutes ces expressions ne sont jamais exactes. »

---

1. Platon, *Timée*, in *Œuvres complètes*, t. X, texte établi et traduit par A. Rivaud, Paris, Les Belles Lettres (CUF), 1925. *(N.d.T.)*

L'aspect était avant tout une façon de penser qui distinguait les événements du monde et de la vie *accomplis* de ceux *non accomplis – perfecta* ou *infecta*. Ou encore, le commencement et la fin. Chaque langue présuppose une façon particulière de voir la réalité. Si en grec ancien le temps n'est que secondaire, il existe cependant le *commencement* et *la fin des choses*. De toute chose.

L'aspect indiquait en grec précisément la durée comprise entre chaque commencement et chaque fin. Combien de temps dure une action et comment. Comment elle débute, comment elle se déroule, comment elle se termine. Ce qu'elle est devenue. L'aspect servait avant tout à exprimer *ce qui naît de chaque commencement et de chaque fin*, et *comment*.

Que se passe-t-il si tu as vu et que donc maintenant tu sais, si tu as eu confiance et que maintenant tu crois, si tu as écrit et que la page blanche est maintenant couverte de mots. Si tu es parti et que tu es arrivé – peu importe quand – *tu es là maintenant*.

Difficile de comprendre pour nous qui sommes venus au monde avec l'idée qu'entre chaque commencement et chaque fin, il s'écoule du temps, beaucoup trop ou trop peu, et que ce temps est tout ce que nous avons. Difficile de décrypter pour nous qui parlons et pensons en une langue dans laquelle, comme en la plupart des langues modernes, chaque action est fixée dans un moment précis – passé, présent, futur –, et pourtant rien ne se peut fixer dans le temps, car il se transformera toujours en autre chose. Ou plutôt, il s'est déjà transformé. Difficile de nous rendre compte de ce qui se passe, pour nous qui portons nos blessures dans l'attente qu'elles deviennent cicatrices, confiant au temps notre guérison. Difficile de penser sans le temps, mais le temps n'existe pas ; ce qui existe, c'est une fin pour chaque commencement, et un commencement pour chaque fin. Les paysans et les marins le savent : on moissonne pour semer et récolter de nouveau, on accoste au port pour lever l'ancre, traverser la mer et accoster de nouveau. Difficile de voir, pour nous qui regardons toujours notre montre, notre agenda, le calendrier, en décomposant l'*organisation de notre vie dans le temps*, que tout change et qu'en même temps tout reste : « je reste » et « je t'attends » ont la même racine dans les verbes grecs μένω et μίμνω.

Difficile pour nous, mais non pour le grec ancien, cette langue qui percevait non le temps mais le processus, et qui, grâce à l'aspect du verbe, exprimait la qualité des choses qui semblent toujours nous échapper – *quand*, la question que nous nous posons toujours, sans jamais percevoir *comment*.

L'aspect du verbe grec est peut-être l'héritage le plus glorieux que nous ait laissé l'indo-européen, l'une des premières langues parlées sur terre, disparues et par conséquent simples hypothèses aujourd'hui.

Les langues venues après n'ont fait que dissiper l'héritage accumulé dans les greniers linguistiques et intellectuels de l'indo-européen en pensant faire des économies – le *principe d'économie*, c'est précisément ainsi que l'on appelle en linguistique la simplification et donc la banalisation de la langue.

Les sociétés changèrent au cours des millénaires, les unes après les autres ; les peuples se déplacèrent, de nomades ils devinrent bergers, puis citadins : il était nécessaire de s'exprimer vite, rapidement, se faire comprendre, être compris. Le monde était devenu plus complexe et il fallait paradoxalement une langue plus simple – cela se passe toujours ainsi lorsque la réalité se fait difficile à exprimer ; il n'y a qu'à regarder la communication actuelle : les émoticônes comme « pictogrammes » modernes, personne ne sait plus téléphoner et on en oublie donc de savoir *parler*.

Le système verbal indo-européen fournissait une structure originale. Il ne présentait pas la conjugaison régulière fondée sur le temps à laquelle nous sommes habitués et que nous apprenons à l'école primaire : « je mange, je mangeais, je mangeai, j'ai mangé ». Il présentait en revanche des thèmes verbaux indépendants qui n'étaient liés entre eux par aucune nécessité temporelle.

Le grec ancien décida, à partir d'Homère, de conserver cette originalité indo-européenne, cette façon pure et antique de voir le monde, sans considérer le temps.

Difficile pour nous, disais-je, d'abandonner le *quand* pour réfléchir au *comment*. Difficile pour nous qui sommes aujourd'hui linguistiquement muets et qui ne savons rien dire sans avoir recours au temps.

Tâchons de voir, pour ensuite savoir. Tâchons de comprendre l'aspect, pour ensuite le dire. Parce que le temps est *indicible*, mais non l'aspect. On peut trouver les mots, il faut toujours les trouver.

Pour qui n'a jamais étudié le grec, essayer de comprendre l'aspect sera un exercice de *liberté linguistique*. En revanche, pour qui l'a étudié au lycée ou à l'université, ce sera peut-être comme recevoir la réponse à des questions qui n'ont jamais été posées. Ce sera plus qu'un exercice de liberté linguistique – ce sera peut-être une *libération linguistique*. Pour certains, une *révolution*. Pour tous, une sorte de *remboursement tardif* pour toutes les années passées à apprendre les verbes par cœur sans même en comprendre le sens.

La catégorie de l'aspect grec occupe, dans les manuels scolaires d'usage courant, entre zéro et une demi-page, pour faire une moyenne à la hausse. Les tables de verbes à apprendre par cœur, en revanche, occupent une centaine de pages, pour faire une moyenne à la baisse.

Je sais bien que pour apprendre une langue étrangère – et le grec, mort ou vif, en est une – il faut du travail, de la constance, de la ténacité. Il faut beaucoup de mémoire pour nous souvenir de ce qui ne nous appartient pas *linguistiquement parlant* (mais peut-être est-ce très différent d'apprendre le japonais ?). Toutefois, sans la compréhension ni le sens de la langue, chaque effort entrepris ne se réduit plus qu'à lui-même – ou au devoir en classe. Et sans le sens, il ne reste plus que l'incompréhension de la langue étudiée et, surtout, de la raison pour laquelle on l'étudie.

Ceux qui ont étudié le grec ne s'en rappellent peut-être rien du tout aujourd'hui, mais ils se souviennent certainement des après-midi passées à répéter en boucle le tableau des verbes irréguliers. Voilà ce qui arrive lorsque l'on apprend par cœur sans comprendre le sens de ce que l'on fait. Voilà le résultat de l'application de catégories, comme le temps, qui sont celles de notre langue à des langues qui en sont dépourvues : c'est l'oubli forcé. Il ne subsiste rien si ce n'est le souvenir des souffrances subies durant ces après-midi de printemps passées à étudier ce que l'on a voulu oublier le plus vite possible : pour la plupart, le moment de l'oubli se situe exactement une minute après avoir rendu la version grecque au bac.

Je tâcherai d'expliquer l'aspect en hommage à ma jeunesse passée à psalmodier les paradigmes verbaux par cœur : je percevais le son, mais je ne comprenais pas le sens. Je les répétais religieusement sans en avoir la moindre intelligence consciente : cela aurait pu être des stances védiques, des mantras bouddhistes ou des sourates du Coran, ç'aurait été pareil. Aujourd'hui encore si j'entends φέρω, je réponds οἴσω, comme par un réflexe pavlovien, et ainsi de suite. Pendant les devoirs en classe, je recopiais les verbes sur la feuille en formant des vœux (et même des exorcismes) et toute ma compréhension linguistique s'arrêtait là.

Je n'ai pas été la première ni la dernière. Bien au contraire, je sais qu'il arrive la même chose dans des centaines de lycées classiques en Italie à des jeunes gens nés en 2000 (ap. J.-C.), qui ont appris à utiliser un portable avant un Bic.

Je tâcherai donc d'adresser mes explications à ceux qui sont aux prises avec la fureur de vivre qui marque toujours un peu la jeunesse au lycée classique, pour donner, en 2016, au moins un peu de sens à leurs après-midi, et surtout à leurs nuits blanches si loin de Saint-Pétersbourg : faites-moi confiance, il y a du sens, un sens magnifique, à ce que vous êtes en train d'apprendre, même si cela m'a pris quinze ans et un diplôme de lettres classiques pour le comprendre.

Une vraie tête de mule.

Commençons par une petite histoire, vu que j'ai de l'imagination ; et pour une langue qui n'est pas la nôtre, morte de surcroît, il en faut, de l'imagination, et même beaucoup. Mais les exemples plus académiques ne manqueront pas non plus, au cas où les lecteurs plus avertis seraient perturbés.

487 avant J.-C. Tard dans la nuit, dans un des bars les plus mal famés du Pirée. Le ciel voilé, le bruit des vagues qui se brisent sur les trirèmes qui ont jeté l'ancre dans le port, la lueur de quelques lanternes. Lune ascendante.

Deux amis ont un peu trop levé le coude ce soir – l'un d'eux a des ennuis avec une femme, l'autre avec sa marchandise qui tarde à arriver d'Halicarnasse. Ils se demandent si cela vaudrait la peine d'aller consulter l'oracle de Delphes le lendemain, ils ont les idées plus noires que la poix.

À force de réfléchir, ils finissent par être ivres de ce vin très fort que les Grecs buvaient toujours coupé d'eau.

Peut-être que nos deux compères n'avaient pas ajouté assez d'eau, qui peut les blâmer ? c'est un de ces soirs où l'on a besoin de se remonter le moral ; mais dans la vie comme à la taverne, l'addition finit toujours par arriver et elle est toujours très salée. Ils pourraient avoir l'élégance de la payer et s'en aller avec panache, mais il vient à l'idée des deux amis de s'enfuir. Évidemment, ils sont tellement ivres que le patron les récupérera sans doute au coin de la rue. Mais ils décident de s'enfuir, et en grec ancien « s'enfuir » se disait φεύγειν.

Maintenant, pour comprendre la question de l'aspect, il faut se mettre à la place du patron qui participe à la scène, entrer dans ses considérations financières et surtout dans sa langue, le grec ancien.

Le patron n'aurait pu exprimer sa déception que par le biais de *trois aspects*, en piochant, délibérément et certainement pas au hasard, l'un des trois *thèmes* (c'est à cela que je faisais allusion plus tôt en parlant de l'héritage indo-européen) du verbe φεύγειν :

– l'**aspect** ou le **thème du présent**, φεύγουσιν, qui se traduit : « Par Zeus, mais regarde-les, ceux-là, ils sont en train de s'enfuir ! »

Notre patron est là, à côté de son tonneau noir, quand il voit les deux amis précisément *dans l'acte de s'enfuir* – l'un d'eux trébuche sur une marche, l'autre perd une chaussure. Bref, la scène (pathétique) se déroule sous ses yeux – et peut-être que ces deux-là n'iront pas bien loin.

– l'**aspect** ou le **thème de l'aoriste**, ἔφυγον, qui se traduit : « Par Zeus, il ne va quand même pas leur venir à l'idée de s'enfuir, à ces deux vauriens. »

Le patron est là, assis sur son tabouret, il a hâte de fermer boutique, il doit aussi se lever tôt demain, sa femme va se plaindre comme chaque soir, etc. Et parmi toutes ces pensées, *l'idée* l'effleure que les deux types veuillent s'enfuir sans payer l'addition.

Peu importe qu'il assiste à la scène ou non (peut-être même a-t-il les yeux à demi fermés puisqu'il tombe de sommeil), cela signifie que *l'action de s'enfuir est considérée comme un fait en soi*, sans aucune référence à sa durée.

– l'**aspect** ou le **thème du parfait,** πεφεύγασιν, qui

se traduit : « Que Zeus foudroie ces deux bâtards, ils se sont bel et bien enfuis ! »

Les bras lui en tombent, à notre pauvre patron déjà éprouvé par une longue journée de travail : sous ses yeux s'étale une table couverte de gobelets vides – il y en a même un cassé –, et l'addition volette, poussée par le mistral. Aucune trace des deux amis ivres.

L'action de s'enfuir s'est déjà produite depuis un moment et il ne reste au patron que la perte et la claque.

Laissons maintenant l'histoire (imaginaire) des deux amis ivres suivre son cours, et retournons à l'histoire (vraie) de la langue et de son destin.

L'aspect était avant tout une *catégorie grammaticale* précise du grec ancien, aussi respectable que toutes les autres : le temps, le mode, la personne, la voix, toutes celles que nous utilisons aujourd'hui encore en italien ou en français* pour *nous comprendre et nous faire comprendre*, ce qui est le but premier du langage.

Le vin grec

En bonne originaire du Chianti, je voudrais parler du vin dans la Grèce antique.

Appelé *Nectar des dieux*, *Sang de Dionysos* ou *Ambroisie de l'Olympe*, il avait, nous l'avons déjà dit, un degré d'alcool très élevé : cela était dû au soleil brûlant de la Grèce associé à des vendanges très tardives, lorsque les feuilles des vignes étaient déjà tombées.

La consommation de cette boisson remonte à l'époque mycénienne, vers la fin du IIe millénaire avant J.-C., comme le prouve la découverte de cruches dans lesquelles les analyses chimiques ont confirmé la présence de vin.

La culture de la vigne était répandue dans toute la Grèce et les œcistes (ceux qui étaient chargés par la mère patrie de fonder de nouvelles colonies outre-mer en exportant dans toute la Méditerranée les us et coutumes grecs) embarquaient aussi sur leurs navires des pieds de vigne à planter sur les terres nouvelles. La viticulture se diffusa ainsi jusque sur les côtes de l'Espagne, de l'Afrique, de la France méridionale et de l'Italie, qui était parfois appelée *Enotria*, c'est-à-dire « la terre de la vigne », précisément en raison de l'excellent vin que l'on y produisait.

On a dit aussi qu'il était d'usage de le boire coupé d'eau, non seulement pour d'évidentes raisons d'ordre public, mais aussi pour une question d'identité : les Grecs étaient horrifiés par les *barbares* qui, eux, buvaient le vin tel quel, pur. Par exemple, au chant XI de l'*Iliade*, Nestor offre au médecin Machaon du « vin de Pramnée » (c'est-à-dire en provenance d'Icarie et considéré ainsi comme le premier « vin AOC » de l'histoire) « mélangé à de la farine blanche et à du fromage râpé ». Un délice, en somme : les héros d'Homère dégustaient cette mixture quand le moment était délicat, lorsqu'ils étaient blessés ou après des combats exténuants. Elle portait même un nom, cette pâtée : on l'appelait *cycéon* (κυκεών).

Le banquet ou symposion (qui signifie « boire ensemble ») était pour les Grecs une antonomase et une occasion de consommer du vin : non seulement il était fait pour distraire, mais il prévoyait aussi des moments de discussions politiques, intellectuelles et civiques. Tandis que les participants buvaient et mangeaient confortablement étendus sur des tricliniums, il y avait des poètes et des aèdes qui chantaient l'histoire commune de la Grèce et les poèmes homériques en premier lieu, renforçant ainsi le sentiment d'appartenir à une communauté. Et c'était le devoir du symposiarque, c'est-à-dire du chef du banquet, de déterminer combien de vin il fallait boire et comment le couper d'eau. Les vases pour servir le vin avaient des formes et des noms variés : le plus important d'entre eux était le cratère, utilisé pour mélanger le vin et l'eau.

L'état d'ébriété avait une signification religieuse, presque mystique : on croyait en effet que l'ivresse permettait aux hommes de se débarrasser du frein de la raison et de se rapprocher de la divinité. C'est de là que vient la fameuse expression due au poète Alcée, ἐν οἴνῳ ἀλήθεια, *in vino veritas*, dont on se sert couramment aujourd'hui encore pour justifier les soirées arrosées bien moins sacrées.

Enfin, les vins étaient classés selon leur couleur, blanc, noir et acajou, et selon leur parfum de rose, de violette ou de résine – une gamme délicieuse.

Le mystère réside plutôt dans le fait qu'une catégorie aussi fondamentale soit traitée aujourd'hui comme une *option*, la plus luxueuse de toutes, et donc parfaitement inutile.

Une définition rigoureuse de la valeur aspectuelle ressemble à ceci : l'aspect indiquait la qualité de l'action, la façon dont elle se passait et ce que ressentait le locuteur à son égard. Comme vous l'aurez remarqué, j'ai employé l'imparfait et on ne pourra pas me le reprocher : cette catégorie grammaticale, cette façon d'évaluer les événements selon leur qualité et leurs conséquences, au lieu de les clouer au mur, telles des photos-souvenirs de mariage, dans un schéma *présent-passé-futur*, bref, cette façon de se demander *comment* en grec ancien, nous l'avons perdue pour toujours. Même le correcteur automatique de l'ordinateur ne reconnaît plus le mot « aspectuel » – erreur ! s'obstine-t-il à répéter tandis que j'écris, en soulignant le mot du rouge « attention, coquille ».

Certes, en italien ou en français*, nous avons recours à différentes périphrases pour indiquer si une action est momentanée ou ponctuelle, et nous le faisons presque toujours de manière inconsciente. Mais nous ne comprenons plus la valeur de l'aspect grec, parce que depuis plus de deux millénaires, notre *conscience linguistique* – c'est-à-dire notre façon de voir le monde et de l'exprimer en mots – en est dépourvue. Pire, elle l'a abandonné, perdu par une poche trouée.

Peut-être qu'un habitant des îles Hawaï réussirait à le comprendre, car il parle l'une des rares langues au monde où la valeur aspectuelle survit (avec une certaine ténacité, il faut le reconnaître, au milieu de tous ces mots interminables et pleins de « u »). Pas nous ; nous les déshérités de l'indo-européen, nous devons faire un effort d'imagination et de compréhension.

Un petit rappel avant que les choses ne se compliquent :

• **valeur aspectuelle du présent** : l'action dure, elle est en cours. Graphiquement, on pourrait la représenter par une ligne droite suivie de jolis petits points dirigés droit vers l'infini :

Par exemple : καλέω, « je suis en train de t'appeler », de ma bouche sortent les lettres qui composent ton nom – au hasard *Lo-li-ta*, pour faire appel à Nabokov.

• **valeur aspectuelle de l'aoriste** : l'action est momentanée, prise pour ce qu'elle est. Graphiquement, on pourrait la représenter par un joli point immobile :

Par exemple : ἐκάλεσα, j'exprime l'*idée de t'appeler*, peu importe quand, comment, pourquoi.

C'est seulement au mode indicatif qu'il peut correspondre à notre passé simple. Dans tous les autres cas, peut-être qu'un vague « je t'appelle » (comme après *certains* rendez-vous), sans plus de précisions spatio-temporelles, pourrait rendre à peu près l'idée.

• **valeur aspectuelle du parfait** : l'action est accomplie, irrémédiable, et tout ce qui en reste sont les conséquences. Graphiquement, on pourrait la représenter par un cercle :

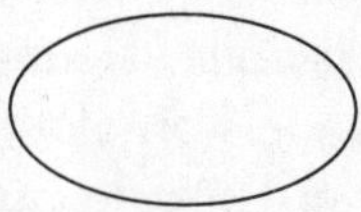

Par exemple : κέκληκα, « je t'ai appelé », et maintenant je me torture le cerveau en me demandant pourquoi tu ne m'as pas répondu – je crains que le rendez-vous ne se soit pas bien passé du tout.

La *valeur aspectuelle* de l'action était tellement fondamentale pour le locuteur grec qu'elle l'emportait avec une facilité déconcertante sur sa *valeur temporelle*. Celle-ci était en effet restreinte au seul mode indicatif et exprimée au moyen d'éléments accessoires comme l'augment et les désinences, tandis que pour tous les autres modes (infinitif, subjonctif, optatif, participe, impératif), c'était l'aspect qui faisait la différence. Encore une fois, non *quand*, mais *comment*.

Jamais quand.

Il est temps maintenant de voir et d'imaginer de plus près cette façon de *se faire comprendre*, et pour cela il faut examiner les *thèmes* dont nous avons parlé au début, le glorieux héritage de l'indo-européen qui a été complètement dilapidé ; c'est pour cela, au fond, que nous apprenons les tableaux de conjugaison par cœur au lycée. Tout au fond, disons.

Le *thème* est la partie du verbe qui reste inchangée lorsque l'on conjugue le verbe, et cela en italien aussi, par exemple *colp-*, pour le verbe *colpire*, et en français *tap-*, pour *taper**.

À la sortie des siècles obscurs, le grec ancien a emporté en souvenir trois thèmes distincts pour chaque verbe : trois thèmes liés à la valeur aspectuelle, *présent*, *aoriste*, *parfait*, auxquels on ajoute le *futur* (dont on parlera plus avant) et l'*aoriste passif* (qui n'est guère plus que la variante soumise de l'aoriste actif).

Les siècles obscurs

Éclairer les siècles obscurs est une entreprise titanesque à laquelle bon nombre d'individus se sont risqués : personne n'en est revenu vivant, tous ont été engloutis par les ténèbres. Au prix d'un effort de synthèse héroïque, on peut résumer ainsi : le grec, comme presque toutes les langues d'Europe, est une langue indo-européenne. Jusqu'ici, tout va bien.

Naturellement, il n'y a aucun témoignage écrit ni de trace du peuple qui a employé cette langue : lorsque les peuples découvrent l'écriture, ils n'ont plus conscience d'utiliser la même langue. En résumé, Grecs, Perses, Hittites, Indiens et toute la bande des Indo-Européens ne se comprennent plus, alors qu'ils sont tous nés sous la même langue – des frères de langue.

Naturellement, nous ne savons ni où ni quand vécut cette « nation » indo-européenne, mais si sa langue connut une telle capacité de diffusion, c'est parce qu'elle était parlée par une civilisation culturellement dominante. *Quand ?* On peut se risquer à répondre deux mille ans avant J.-C. (oui, c'est très vague). *Où ?* Entre l'Europe et l'Asie (c'est encore plus vague).

Naturellement, le passage de l'indo-européen au grec dit « commun » ou protogrec (l'ancêtre de tous les dialectes grecs) est entouré de mystère. Toutefois le grec commun, tout comme l'indo-européen, présupposait aussi un peuple hellène uni doté d'une langue homogène. Un peuple pugnace, riche et évolué.

C'est par un *accident historique*, comme l'appellent les spécialistes avec une élégance inouïe, que depuis les siècles obscurs, les témoignages linguistiques passent presque d'un coup de l'indo-européen aux différents dialectes grecs. On peut résumer comme suit ce qui s'est passé : *conquêtes, mutations de la société, luttes de pouvoir, invasion, changement de la classe intellectuellement dominante.*

Vous ne croyiez quand même pas encore aux tremblements de terre, à l'Atlantide ou aux catastrophes naturelles ?

Multipliez le tout par cinq, et ceux qui ont encore quelques souvenirs du lycée classique sauront pourquoi ils récitaient par cœur le tableau des verbes irréguliers comme si c'était l'Ave Maria (c'est exactement ce que l'on me disait, *tu dois les connaître aussi bien que l'Ave Maria*) : ils étaient en train d'apprendre les cinq thèmes se rapportant au même verbe. En d'autres termes, ils ânonnaient que nous ne comprenons plus cette langue et que nous devons donc l'apprendre par cœur. La mémoire forcée ou le meilleur moyen d'oublier.

Mais les Grecs de l'Antiquité, eux, comprenaient les thèmes au premier coup d'œil, au point qu'il s'agissait, dans leur conscience linguistique, d'entités distinctes d'un même verbe, mais *peut-être* soupçonnées d'avoir des liens entre elles.

Ils raisonnaient d'une manière complètement différente de nous : en italien ou en français*, et en général dans les langues romanes, nous nous faisons comprendre en conjuguant le verbe au temps requis et même un enfant de trois ans saurait dire que *je mange*, *je mangerai*, *je mangeai*, *j'ai mangé* ne sont que des variantes temporelles du même verbe, *manger*. Elles se ressemblent beaucoup, si l'on veut bien le voir. Littéralement au premier coup d'œil, disais-je, c'est là la clé pour comprendre le grec ancien. Vouloir voir pour vouloir savoir.

Il importait peu aux Grecs, en revanche, que les thèmes λειπ-, λιπ- et λοιπ- soient des variantes du même verbe λείπω, « laisser ». En effet, chacun de ces thèmes recèle un sens aspectuel si différent qu'ils sont presque indépendants les uns des autres. Et en effet, ils se ressemblent peu *visuellement* parlant. De même dans notre langue, le moment où « je suis en train de te laisser » (et où il y a donc encore de l'espoir, tant qu'il y a de la vie) et le moment où «je t'ai laissé» (laisse tomber tout espoir, tu es seul comme un chien), se ressemblent peu, et pas seulement *visuellement*.

Peut-être que certains locuteurs grecs se doutaient de quelque chose et que les plus avisés parvenaient à apercevoir dans les verbes la même racine thématique, non parce qu'ils en étaient linguistiquement conscients, mais au contraire, malgré cette conscience linguistique.

Homère, par exemple, utilisait les verbes exactement de cette manière, en choisissant un thème et en l'utilisant pour exprimer *comment* se déroule l'action qu'il veut raconter – ou plutôt, pour être précis, que la Muse lui a racontée. Tout comme le patron de la taverne de notre petite histoire, Homère, l'aveugle de Chios – ou de l'une des six autres cités qui s'en disputent la naissance –, met en valeur par exemple comment se situe Hélène face au fait d'avoir été enlevée par Pâris et d'avoir par conséquent déchaîné une guerre de dix ans (à savoir très, très en colère).

Et même, Homère paraît si désinvolte dans le choix du thème qui lui convient le mieux *pour se faire comprendre* que, si l'on épluche l'*Iliade* et l'*Odyssée*, il semble que l'illustre poète ne se rende pas compte qu'il utilise des variantes aspectuelles du même verbe : nous le voyons bien, nous, dans les commentaires des poèmes épiques que nous devons étudier et dans les séries de listes et de tableaux déployés dans nos manuels comme des phalanges militaires (des phalanges que nous affrontons avec le même entrain qu'un Grec aux Thermopyles).

Homère, et les Grecs en général, ne voyaient pas le

lien entre les différents thèmes d'un même verbe, ou s'ils le voyaient, cela n'avait pas plus d'importance que cela. Il est certain qu'ils ne le *percevaient pas d'un point de vue linguistique*. Le choix du thème dépendait de la *nécessité de se faire comprendre*.

Le choix peut nous sembler, aujourd'hui, ardu et particulièrement complexe, et pourtant ils se comprenaient parfaitement entre eux, peut-être mieux même que nous ne nous comprenons, nous qui trop souvent ne nous comprenons pas. En tout cas, ils se comprenaient assurément avec une précision et une sincérité plus grandes : rien n'était dit ou fait simplement histoire de dire ou de faire quelque chose.

Si l'*Iliade* et l'*Odyssée* ont été les poèmes épiques les plus *mainstream* de l'histoire et les instruments les plus efficaces de *storytelling* d'une société, cela signifie que les Grecs les comprenaient parfaitement, quelle que fût leur classe sociale, et sans qu'il fût besoin d'un doctorat en philologie.

Si, au contraire, la langue homérique n'avait été destinée qu'à quelques oreilles érudites, les Grecs auraient eu vite fait de choisir un autre poète national et Homère aurait été jeté au rebut – un peu comme si la finale de la Coupe du monde (au moment où l'Italie est en train de gagner aux tirs au but !) était tout à coup commentée dans l'italien de Dante : nous changerions bien vite de chaîne en maudissant Dante, la Toscane et, dans le doute, la Maremme aussi.

Avant d'aller plus avant et de faire l'examen de chaque thème, je vous propose un exemple qui troublera tout lycéen d'hier ou d'aujourd'hui, ou qui laissera abasourdis ceux qui ne connaissent pas du tout le grec. Cependant, cela me semble être le moyen le plus rapide de comprendre le sujet. En tout cas, c'est le plus courageux.

Peut-être avez-vous entendu parler des sept verbes dits *plurithématiques*, une manière chic de désigner ces verbes fous qui échappent à toute règle, des verbes tellement logiques en grec qu'ils nous semblent à nous parfaitement illogiques. Si ce n'est pas le cas, ceux qui sont encore prisonniers des bancs toujours plus étroits du lycée, ou qui l'ont été, ont dû entendre parler d'au moins trois d'entre eux quand même. Comme cela arrive souvent, en matière de langue mais surtout dans la vie, on a besoin de l'étrangeté pour illuminer le sens. Eh bien, c'est précisément à partir de ces verbes irréguliers que l'on voit avec une plus grande clarté – on le *voit* véritablement *avec les yeux* – l'importance de la valeur aspectuelle de chaque thème.

Prenons donc le plus irrégulier de tous, ὁράω, et limitons-nous un instant à regarder ses formes verbales déployées ici comme sur la page de n'importe quel manuel scolaire – présent, futur, aoriste, parfait, aoriste passif :

ὁράω, ὄψομαι, εἶδον, οἶδα/ἑόρακα, ὤφθην.

Ironie qui n'est certainement pas celle du sort, ὁράω veut précisément dire « regarder avec les yeux ». Donc, *regardez avec les yeux grands ouverts.*

L'avez-vous bien regardé ? Pas besoin de savoir lire le grec. Admettons même que ce soit du japonais. Est-ce que vous y trouvez un mot qui ressemble si peu que ce soit à un autre ? Bien sûr que non. Bien. Très bien, même.

Essayez maintenant de faire un saut dans le temps – le vrai, celui de la grande Histoire. Si vous vous retrouviez sur l'agora d'Athènes et qu'il vous prenait d'arrêter le premier passant pour lui demander : « Par Zeus, si ce n'est pas trop vous importuner, pourriez-vous m'expliquer les formes d'ὁράω ? », eh bien, je parie que le type vous prendrait pour un fou, ou pire, pour un barbare, et que vous finiriez en un rien de temps aux travaux forcés ou bien vendu comme esclave sur le marché.

Chacun de ces thèmes a une signification si différente qu'ils sont utilisés de manière indépendante les uns des autres, et cela n'avait d'importance pour personne qu'οἶδα vienne d'ὁράω : cela n'en a que pour nos grammaires. C'est exactement aussi important pour nous de savoir que les mots *patience*, *passivité* et *passion* ont la même racine : la réponse de 99 % de la population interrogée à ce sujet serait, dans l'hypothèse la meilleure et la plus courtoise : « Et alors ? Qu'est-ce que ça peut bien me faire ? »

Gardant toujours à l'esprit que *le but de la langue est de se faire comprendre*, voyons ce que *comprenaient* les Grecs des différents thèmes d'ὁράω :

– ὁράω, « je suis en train de regarder » – une pomme, une belle femme, le ciel, une tragédie, tout ce que vous voulez ;

– ὄψομαι, « j'ai l'intention de regarder, je regarderai » – pour savoir quoi regarder, voir ci-dessus, ou bien regardez autour de vous ;

– εἶδον, « je regarde » ;

– οἶδα, « je sais » – parce que j'ai regardé attentivement, maintenant je sais, point final (c'est magnifique, non ? Si cette conception de la connaissance valait encore de nos jours où tout le monde parle de tout sans avoir rien vu, et donc sans rien savoir, le monde serait à mon avis bien meilleur) ;

– ὤφθην, « je suis regardé » – et donc quelqu'un, après, saura.

Un autre verbe bizarre, et donc lumineux, est le verbe « dire » : il n'y a qu'à l'aoriste εἶπον qu'il prend le sens correspondant dans notre langue, tandis que le thème du présent oscille de ἀγορεύω, « je suis en train de parler en public » (du mot ἀγορά, la place publique), jusqu'à λέγω qui équivaut à « je suis en train de trier, je suis en train d'énumérer ». Le thème du parfait εἴρηκα, « j'ai dit et donc vous m'avez entendu », est en revanche complètement différent et vient d'ailleurs.

Les oscillations sémantiques que nous avons vues à l'œuvre dans le paradigme d'ὁράω valent pour *tous* les autres verbes grecs. Et c'est même si vrai qu'il y a beaucoup de verbes auxquels il manque un ou plusieurs thèmes, parce que le sens de ce verbe ne se prête pas à l'existence du thème en question. Les linguistes les appellent les verbes *défectifs*. Quelques exemples ?

Οἰκέω, « j'habite », βασιλεύω, « je règne », ne possèdent presque toujours que le thème du présent, parce que l'action est toujours en train de se passer : ou l'on habite quelque part, ou l'on est sans-abri ; ou l'on est roi, ou on ne l'est pas.

Θνήσκω, « je meurs », possède seulement le thème de l'aoriste, parce que l'action d'expirer est peut-être la plus ponctuelle qui soit. C'est la même chose pour βιόω, « vivre », lorsque l'on est reconnaissant envers la vie du seul fait d'être vivant et de savoir jouir des choses, même si tout n'est pas parfait.

Ἥκω, mon préféré, possède seulement le thème du parfait, parce qu'il exprime le résultat de l'action *d'être parti et d'être enfin arrivé*. Je le traduirais par un bien peu académique « me voilà », mais peut-être que tous les professeurs n'apprécieraient pas, donc « je suis arrivé » va très bien aussi.

Également ἔοικα, « je semble/je ressemble à », et δέδοικα, « j'ai peur », ne possèdent que le thème du parfait, parce qu'ils sont le résultat d'actions déjà advenues : j'ai regardé un tel et il m'a rappelé quelqu'un d'autre, quelque chose s'est passé et j'en ai éprouvé de la crainte : c'est le moment de choisir de faire preuve de courage ou non.

Une fois arrivés jusqu'ici, la route est en descente. Voici dans la foulée les différents thèmes expliqués : profitez du paysage ! Ah, c'est juste, j'oubliais de vous offrir le verre de vin (coupé d'eau) avec lequel vous trinquerez en route : tout ce qui suit vaut pour *tous les modes* (indicatif, subjonctif, optatif, impératif, participe, infinitif et même pour l'adjectif verbal – sans commentaire, je sais que l'on ne l'étudie pratiquement jamais à l'école, à moins que l'on ne tombe dessus dans la version du bac).

• **Le thème du présent**, le plus simple, celui auquel appartient le verbe tel qu'on le trouve dans le dictionnaire : il indique une action qui n'est pas encore accomplie, mais en train de se passer. Aucune conséquence de l'action n'effleure le locuteur, parce qu'il est encore en train de la vivre – un peu à la *carpe diem*, pour le dire en latin, ce qui ne fait jamais de mal.

Dans nos langues, il serait correct de le rendre par une périphrase comme « en train de » ou bien « continuer à » : βιβρώσκω, « je suis en train de manger » (qu'est-ce que j'ai faim !), μιμνήσκω, « je suis en train de me souvenir » (mais qui peut bien être ce type ?), ἐπιθυμέω, « je suis en train de tomber amoureux » (oups !).

L'imparfait dérive du même thème, rien à déclarer, si ce n'est que l'action est en train de se produire, mais sa durée se situe dans le passé : « j'étais en train de manger », « j'étais en train de me souvenir », « j'étais en train de tomber amoureux » (double oups !).

Le dictionnaire

Quelle nostalgie poignante pour les traductions cultes du Rocci[1], le dictionnaire de grec sur lequel les élèves italiens se sont abîmé les yeux (et les opticiens se sont grassement enrichis) pendant près de quatre-vingts ans !

C'est en 1939 qu'un moine jésuite, le père Lorenzo Rocci, publia pour la maison d'édition Dante Alighieri le dictionnaire qui porte son nom, considéré comme l'encyclopédie ultime du grec ancien jusqu'à la parution du *Greco Italiano, Vocabolario della*

1. Équivalent du Bailly, le dictionnaire qui reste la référence pour les hellénistes français. *(N.d.T.)*

lingua greca de Franco Montanari chez Loescher en 1995. Appelé simplement *GI*, comme s'il s'agissait d'un ami, le nouveau dictionnaire marqua pour toujours un changement de génération : d'une part ceux qui ont perdu la vue tel Homère à Chios, en s'épuisant sur le Rocci, de couleur bleue et sans aucune véritable entrée en gras (si bien que le grec semblait être composé d'un seul et unique mot expliqué sur plus de mille pages) ; de l'autre, les privilégiés ayant bénéficié de l'allure graphique moderne du *GI*, de couleur rouge – il paraît que les nouvelles éditions sont même accompagnées de CD-ROM.

Dans les milieux qui comptent (c'est-à-dire dans les cours et les cloîtres des universités ou dans les rassemblements de survivants du lycée classique), c'en est devenu presque un sujet politique, avec cette question divisant les rats de bibliothèque en deux castes : « Tu utilises le Rocci ou le *GI* ? » Personnellement, je les utilise tous les deux, ça dépend si j'ai mes lunettes à portée de main.

Dans certaines universités italiennes, on utilise encore également le Liddell-Scott-Jones, ou simplement le *LJS*, un lexique de la langue grecque en anglais commencé au XVIIIe siècle et parvenu aujourd'hui à sa dix-neuvième édition révisée. Publié pour la première fois en 1819 par l'Oxford University Press, il a souvent été abrégé ou enrichi : les trois variantes sont *The Little Liddell*, *The Middle Liddell* et *The Big Liddell* ou *The Great Liddell*. La précision et l'exactitude toute britannique du *LJS* en font un chef-d'œuvre insurpassable, mais il représente surtout un effort titanesque pour recueillir le sens de chaque mot ayant existé en grec et en illustrer l'emploi dans tous les contextes. Mais on ne peut pas nier qu'il est difficile d'utiliser une tierce langue – l'anglais – comme intermédiaire pour saisir et rendre le sens de deux langues désormais très éloignées l'une de l'autre, le grec et l'italien.

Certaines traductions du Rocci resteront toujours dans ma mémoire, comme « je fleure bon » au lieu de « je sens bon ». Et par-dessus toutes, celle de ποιέω, « je fais », traduit à la toscane par *io fo*.

Certes, le Rocci a vieilli et l'on n'y trouve pas les renvois aux textes grecs utilisés pour ses entrées, mais il offre une variété de synonymes plus vaste que le *GI*, une liberté de choix appréciable et presque émouvante, surtout à notre époque où la langue italienne se fait de plus en plus pauvre.

Dans tous les cas, n'importe quel dictionnaire, qu'il soit ancien ou moderne, n'est rien d'autre qu'une cage enfermant les sens des mots d'une langue qui n'est pas la nôtre, une cage précise, mais toujours trop étroite pour les variations presque infinies de sens dans lesquelles chaque mot peut être utilisé par qui parle *véritablement* cette langue.

• **Le thème de l'aoriste**, la merveilleuse terre de l'ἀόριστος χρόνος, le temps indéfini. *Aoriste* signifie précisément : « sans limite », sans commencement ni fin. L'action est ponctuelle et ne peut se répéter, en dehors de toute considération de temps, le locuteur ne se pose d'ailleurs aucune question à son sujet.

La nuance qui distingue le présent de l'aoriste est infime. C'est une différence si légère qu'on y va avec la délicatesse du bazooka au lycée, en obligeant les élèves à traduire toujours l'aoriste par le passé simple – parfois, les vrais siècles obscurs, ce sont les nôtres…

Cependant, traduire un texte grec sans faire attention à la valeur de l'aoriste – le fait d'*être* en suspens, en dehors de toute connotation temporelle – est risqué et, à mon avis, très insuffisant.

En français, on utilise un mot magnifique et délicat, *nuance* (on utilise le mot *sfumatura* en italien)*. Comme tous les bleus différents dont la mer peut se teindre, l'aoriste est toutes les nuances de la couleur de l'eau, du ciel, du reflet de la lumière, de l'écume des vagues, d'un cargo rouge dans le lointain, et, par conséquent, de la langue grecque toute entière.

En définitive, l'aoriste n'est ni un présent ni un passé, qu'il soit actif ou passif (liquidons-le aussi, celui-là, avec son suffixe -θην) : c'est simplement une action qui s'accomplit, sans considération de ses conséquences, parce qu'il n'y en a pas ; pourquoi devrait-il toujours y en avoir ?

Dans notre langue, l'idée de temps imprécis et absolu peut se rendre par un présent ferme ou avec des périphrases comme *je commence*, *je parviens à* ou *je me mets à*. Nous aurons donc ἐπεθύμησα, « j'aime », ὤζησα, « je fleure bon », ἐχαίρησα, « je suis heureux ». C'est-à-dire que lorsque l'on aime, lorsque l'on est heureux, lorsque l'on fleure bon, on *est* tout simplement.

L'aoriste a en lui quelque chose de spectaculaire et de bouleversant : la certitude de l'avoir perdu pour toujours et un regret vague de cette façon d'*être*. L'étrange nostalgie des choses que l'on n'a pas vécues et qu'on ne vivra jamais.

• **Le thème du parfait**, l'action est advenue dans le passé et ses effets se prolongent dans le présent. C'est là que les ennuis commencent, parce que le locuteur se pose bien trop de questions. Le parfait brouille les cartes : celle du présent, parce que le résultat se rapporte au moment où l'on parle, et celle du passé, parce que l'action précède le moment où l'on parle.

Traduction : le parfait n'est rien d'autre que le thème de la *conséquence*, qu'elle soit positive ou négative (*nous nous excusons pour le désagrément causé*, comme ils disent à la gare lorsque quelque chose est allé de travers, sans jamais dire exactement *quoi*). Voilà pourquoi sa traduction s'écarte parfois beaucoup de celle du thème présent correspondant, et dans notre langue, le recours au temps présent (plutôt que le passé composé, plus scolaire) rend au mieux l'*idée de la fin comme résultat d'un commencement*.

Avec les exemples, il y a de quoi se laisser aller (et s'amuser) : ῥιγόω, « j'ai froid » / ἐρρίγωκα, « je suis congelé » ; πέρθω, « je suis en train de détruire » / πέπορθα, « j'ai fait table rase » ; ταράσσω, « je dérange » / τέτρηχα, « j'ai semé une belle pagaille » ; μαίνομαι, « je suis en train de m'énerver » / μέμηνα, « je suis fou furieux » ; κτάομαι, « je suis en train de me procurer » / κέκτημαι, « j'ai ». Et je pourrais continuer comme cela longtemps, très longtemps.

Tous les verbes qui expriment des actions qui ne peuvent pas avoir de conséquence sont dépourvus de parfait : à commencer par ἐλπίζω, « j'espère » (et qui sait comment cela finira). Mais aussi γελάω, « je ris », ou ἀρκέω, « ça suffit/j'en ai assez », ὕω, « il pleut » (avec « Zeus » sous-entendu ou explicitement mentionné, parce que c'est *Zeus* qui *pleut*), πτάρνυμαι, « j'éternue ».

Presque tous les verbes musicaux sont aussi

exempts de parfait, parce que écouter de la musique se produit dans un présent qui ne peut se répéter[1] : de σαλπίζω, « je suis en train de jouer de la trompette », à ἀλαλάζω, « j'entonne le chant de guerre ».

Qu'y a-t-il de pire qu'une action survenue dans le passé dont les effets perdurent dans le présent ? Le *plus-que-parfait*, évidemment, lorsqu'une action survenue dans le passé a des conséquences dans un autre passé, mais qui sont encore cuisantes dans le présent. Le plus-que-parfait n'est rien d'autre que la version aggravée du parfait, du thème duquel il dérive. D'emploi plutôt rare, parce que les Grecs étaient du genre à vivre avec légèreté et à parler de manière sincère, il n'y a pas lieu de trop s'en préoccuper (comme toujours, on ne tombe dessus que dans la version du bac).

Le *futur parfait* est encore plus rare, et même rarissime (si vous tombez dessus au bac, c'est incontestablement affaire de mauvais karma). Projeter dans le futur les conséquences d'un événement présent, ce n'était pas pour les Grecs qui étaient déjà en délicatesse avec le futur simple.

---

1. Depuis l'indo-européen, la musique a toujours eu une valeur instantanée et visuelle, au point que l'on « regardait » la musique (comme cela arrive aujourd'hui dans quelques rares concerts mémorables) au lieu de se contenter de l'« écouter » : chaque événement musical ne pouvait être ni répété ni reproduit, ne pouvant être fixé sur un quelconque dispositif et être emporté.

La musique nécessitait des oreilles et des yeux, un sens qui survit dans quelques mots indiens magnifiques, comme *junun* en ourdou, l'« envoûtement séduisant qui se transmet par la musique et le regard », un mot qui, en 2015, a donné son nom au chef-d'œuvre de la musique de Shye Ben Tzur, Jonny Greenwood et l'orchestre indien Rajasthan Express.

Et voici tout de suite quelques explications sur le futur en grec.

• **Le thème du futur** n'existe pas, fin de l'histoire.

Le futur se construit sur le thème du présent, et nous ne pouvons rien y faire. Non, le futur en grec ancien n'a pas d'aspect, il a même une antique valeur désidérative encore bien reconnaissable en grec moderne. Il dériverait en effet d'un subjonctif qui exprimait un désir, un vœu ou une aspiration : comme, par exemple, « que je puisse être heureux », « je voudrais être heureux ». La forme a été ensuite employée pour exprimer l'attente d'un fait qui devait encore advenir, donc quelque chose de similaire au futur comme nous l'imaginons nous (mais avec moins, beaucoup moins d'expectatives…). Par exemple, χαιρήσω, futur de χαίρω, « je suis heureux », signifiait à l'origine « je veux être heureux ».

La nature volitive du futur apparaît avec la plus grande clarté en grec moderne : comme le thème du futur n'existait pas, la société moderne a dû l'inventer. Ou plutôt, elle l'a véritablement récupéré par le biais d'une périphrase composée de θα, le verbe « vouloir » suivi de l'infinitif. *Une revendication de futur* qui explique bien tout le malheur d'être grec (moderne), pour citer Nikos Dimou.

Des gens courageux, les Grecs, en somme, qui n'imaginaient pas même en rêve de poser au futur la question du *comment*. Pas de question, il fallait seulement le vivre. Une fois vécu, ils avaient recours au présent, à l'aoriste, au parfait pour le raconter.

Avant de conclure sur ce point, voici l'un des mots

les plus beaux du grec ancien : μέλλω, la simple idée du futur, que l'on peut traduire par un simple présent : « je suis sur le point de ». Et c'est tout. *Je suis sur le point de* au présent, point final. Μέλλω n'a pas d'autres thèmes, il est présent et futur à la fois.

Être sur le point de. Vivre. Avoir du courage. Celui qui a peur *est* tout court. Immobile, et c'est tout.

Maintenant que nous sommes parvenus à comprendre comment les Grecs *se comprenaient* entre eux sans être prisonniers du temps, il ne reste plus qu'à comprendre pourquoi *nous, nous ne les comprenons plus.*

Qu'est-il arrivé à cette langue qui possédait l'avantage, qui est celui de l'élégance, de se demander toujours *comment* et non *quand* face à un événement ? Qu'est-il arrivé à ce système, un peu bizarre mais magnifique, des thèmes et des aspects ? Et surtout, comment les Grecs sont-ils tombés dans la prison du temps ?

La réponse qui circule depuis deux mille ans est toujours la même : les barbares[1]. Mais étant donné la

1. L'étymologie de *barbare*, βάρβαρος, a une connotation sociale et linguistique claire – très nationaliste et très actuelle, je m'en rends compte en écrivant ces lignes et en pensant aux murs, aux fils barbelés et aux frontières dans lesquelles nous prétendons nous enfermer. Pour un Grec, le *barbare* est celui qui disait *ba-ba* ou *bar-bar*. En résumé, le barbare était celui qui ne maîtrisait pas la vénérable langue grecque et dont on ne comprenait pas un traître mot quand il parlait. Peu importait que le barbare en question habitât l'île d'à côté en Égée. Bien qu'ils n'aient pas connu d'unité territoriale ni politique avant Alexandre le Grand, les Grecs ont toujours été le *peuple* d'une même *nation*, liés par une identité culturelle, religieuse et sociale si forte qu'ils pouvaient se distinguer linguistiquement de tout autre peuple *barbare*.

valeur sociale de la langue et sachant qu'une langue change lorsque changent les besoins de communication de ceux qui la parlent, nous pouvons aller au-delà de la surface des choses et ajouter la réponse suivante : la mutation de la civilisation.

Certes, la faute n'est pas à imputer entièrement à Alexandre le Grand : l'annexion de la Grèce à l'immense empire macédonien fut seulement le moteur – et le meilleur prétexte – pour diffuser à plus grande échelle la mutation linguistique déjà en marche. Il est impossible d'imaginer que le peuple grec ait changé en une dizaine d'années la langue dans laquelle il avait exprimé pendant des dizaines de siècles toute sa politique, sa culture, ses lois ; la langue dans laquelle il avait inventé la philosophie, les mathématiques, l'astronomie et le théâtre.

Nous parlerons dans un autre chapitre de la κοινή, la *lingua franca* surgie tel un phénix des cendres du dialecte attique, qui était comprise à peu près partout depuis l'époque d'Alexandre jusqu'à 1453, l'année de la chute de l'Empire byzantin et la date conventionnelle de la naissance de la langue grecque moderne.

Nous saisissons mieux maintenant le sort du verbe grec antique et de ses thèmes, ainsi que le début de notre irrémédiable incompréhension. Les locuteurs de la κοινή devaient penser à peu près la même chose qu'un lycéen devant la première page d'un manuel de grammaire grecque : trop de verbes, trop compliqués. Ils n'y comprenaient pas grand-chose, voire même vraiment très peu.

Par conséquent, exactement comme il est advenu au temps d'Homère, la nouvelle langue s'est adaptée en se fondant sur les besoins de la société, c'est-à-dire à la *cible* des locuteurs : simplement cette fois-ci elle était un peu moins élevée, mais beaucoup, beaucoup plus répandue, allant de la Grèce jusqu'à l'Inde.

En premier lieu, toutes les anomalies verbales ont été supprimées, en cherchant à rendre la conjugaison des verbes la plus simple possible. Disparaissent ainsi les petites étrangetés qui méritent toute notre reconnaissance parce qu'elles nous permettent aujourd'hui de *percevoir* ce que nous ne pouvons plus *percevoir linguistiquement*.

On perd donc l'aspect, troqué contre le temps. Le présent résiste, élimé jusqu'à devenir le plus simple possible, en ayant perdu sa valeur durative.

Des verbes plurithématiques ? Des thèmes irréguliers ? En Égypte, peut-être, où l'écriture était fondée sur les hiéroglyphes. Trêve de plaisanterie. Simplifier. Régulariser devint la seule règle.

L'aoriste résiste, mais sa résistance n'est qu'une autre forme de reddition. Une fois le parfait effacé d'un coup d'éponge impitoyable[1], l'aoriste se charge du poids de son sens aspectuel en perdant le sien. En résumé, pour imaginer comment cela s'est passé : à la croisée des chemins de la κοινή, l'aoriste et le parfait échangent leurs baluchons avec leur aspect respectif et s'en vont chacun de son côté. Deux mètres plus loin, le parfait tombe dans le ravin de l'histoire linguistique. L'aoriste poursuit sa route jusqu'au grec moderne, en

1. La seule forme de thème du parfait à avoir survécu jusqu'à aujourd'hui est le participe passif γραμμένος, « écrit », et, ironie du sort (linguistique aussi), πεθάμενος, « mort ».

en venant à ressembler toujours plus à notre passé simple/passé composé. Ainsi, même les verbes qui *par nature* n'avaient pas de valeur de parfait, finissent par en être dotés, et de la façon la plus simple possible, s'il vous plaît : avec les débris morphologiques de l'aoriste.

Et le futur ? Disparu lui aussi. En fait, il n'existait même pas.

Et voici comment on voit le monde et on l'exprime en mots à l'époque de la κοινή : deux thèmes uniques qui jouent dans deux équipes différentes et opposées. Un derby *présent* contre *aoriste* (avec le sens de passé/parfait) dans lequel le seul vainqueur est le temps tel que nous le connaissons (et le subissons).

La valeur aspectuelle est initialement confuse dès le grec ancien, comme des souvenirs d'enfance une fois devenu grand. Comme les histoires de nos grands-parents, les histoires de temps qui ne sont pas les nôtres. Les annuaires d'années que nous n'avons pas vécues. À la fin, l'aspect disparaît. La chute dans l'oubli. Il ne reste rien d'autre.

Depuis lors, on est passé du *déroulement* des choses au *temps* des choses. On est passé de *voir pour comprendre* tout ce qui se passe entre chaque commencement et chaque fin, au schéma passé, présent, futur. On est passé du *comment* au *quand*. Et avec la fin de l'aspect a commencé la prison du temps et de la mémoire gluante, capricieuse.

Il s'est fait tard, trop tard, pour nous, linguistiquement, il s'est écoulé trop de temps, et désormais nous ne percevons plus l'aspect des choses et nous ne savons plus l'exprimer grammaticalement dans notre langue. Nous devons donc nous efforcer de trouver une autre façon de dire ce sens particulier de satisfaction ou de réalisation, de manque ou de désir, qui nous protège du pouvoir destructeur ou conservateur du temps. Telle cette petite fleur, le myosotis, encore appelée « ne m'oubliez pas ».

Le silence du grec.
Sons, accents et esprits

« Ce que les autres récoltent nous est refusé,
à nous qui sommes versés dans un autre langage.
Si d'autres sèment pour nous, nous sommes
éternellement en voyage.

À quoi bon jeter l'ancre si c'est
toujours dans des ports différents ?
Il reste la poésie, feu follet fugace
Sur la cité des morts. »

Maria Luisa SPAZIANI,
L'occhio del ciclone (L'Œil du cyclone).

« Les trouvailles archéologiques sont muettes » déclare, implacable et toujours génial, Antoine Meillet, l'un des plus grands savants hellénistes, dans son *Aperçu d'une histoire de la langue grecque*[1].

Autrement dit, du silence du grec ancien.

Nous ne saurons jamais avec certitude comment on

1. Antoine Meillet, *Aperçu d'une histoire de la langue grecque*, Paris, Klincksieck, 2004 [1913]. *(N.d.T.)*

prononçait un mot grec. Les sons du grec ont disparu pour toujours avec ses locuteurs. Nous possédons les textes littéraires, nous pouvons les lire, les étudier, mais non les prononcer. Ils nous sont parvenus muets. Ou plutôt *réduits au silence*. Sans voix.

L'écriture

La première attestation de l'écriture en langue grecque remonte à l'époque mycénienne (XVe siècle av. J.-C.) : en 1900, l'archéologue Arthur Evans découvrit dans le palais dit de Minos à Cnossos, sur l'île de Crète, de nombreuses tablettes d'argile gravées d'une écriture appelée *Linéaire B*, pour la distinguer d'une autre écriture syllabique retrouvée en Crète également et appelée *Linéaire A*. Des tablettes similaires furent ensuite mises au jour dans les palais mycéniens du Péloponnèse (Pylos, Mycènes) et en Grèce continentale (à Thèbes et à Éleusis).

Si le *Linéaire A* reste encore un mystère non résolu, en 1953 le linguiste John Chadwick et l'architecte spécialiste de cryptographie Michael Ventris déchiffrèrent le *Linéaire B* : il s'agirait de l'écriture des conquérants achéens de langue grecque qui succédèrent à la civilisation minoenne. La plupart des tablettes portaient des listes de personnes, d'objets, de dons et de biens : c'étaient en effet les registres des activités administratives, civiles et économiques des palais mycéniens. On doit la conservation des tablettes, recouvertes d'argile séchée au soleil, au hasard, à la suite de l'incendie des palais lors de la chute de la civilisation mycénienne.

À la fin de l'époque mycénienne, l'écriture disparut pour longtemps en Grèce, durant ce que l'on appelle les *siècles obscurs*.

Elle réapparut avec l'introduction de l'alphabet phénicien dont les premiers témoignages remontent au VIIIe siècle avant J.-C., lequel fut précisément celui de la diffusion, orale seulement, des poèmes homériques. L'alphabet phénicien contenait 22 consonnes et ne notait pas les voyelles : les Grecs conservèrent les lettres phéniciennes, transformèrent en voyelles les signes qui exprimaient des sons qui n'existaient pas en grec et en ajoutèrent d'autres au son double (ξ, φ, χ, ψ). Ils changèrent en outre le sens de l'écriture, de la gauche vers la droite (les Phéniciens écrivaient de droite à gauche). À l'époque archaïque est cependant attestée l'écriture *boustrophédon*, c'est-à-dire une façon d'écrire qui inversait régulièrement sa direction, une ligne depuis la droite, l'autre depuis la gauche (le mot dérive en effet du mouvement du *bœuf*, βοῦς, en train de labourer le champ, lorsqu'il se *retourne*, στρέφω, à chaque sillon). L'alphabet grec d'origine phénicienne était plus simple et plus facile que le syllabique : ce fut à la portée d'un plus grand nombre d'en apprendre les mécanismes, de mémoriser et de reproduire les signes. Cela eut un rôle fondamental pour la diffusion de la lecture et de l'écriture dans le monde grec, ainsi que pour la transmission et la production de textes non seulement littéraires, mais aussi d'utilité quotidienne.

En 403-402 avant J.-C., le décret d'Archinos imposa à Athènes et aux cités alliées un alphabet officiel de type ionien. Grâce à l'hégémonie culturelle d'Athènes, l'alphabet se diffusa dans tout le monde grec : à partir du IIIe siècle avant J.-C., l'alphabet *athénien* est attesté jusqu'à Chypre, qui utilisait auparavant une écriture syllabique similaire au *Linéaire A*. Les Grecs transmirent également l'alphabet aux peuples avec lesquels ils entrèrent en contact, au premier rang desquels les peuples italiques des nombreuses colonies grecques. Les Étrusques à leur tour retravaillèrent l'alphabet grec et le transmirent aux populations locales : c'est de là que vient l'*alphabet latin*.

De nombreux siècles plus tard, en 850 après J.-C., l'empereur de Byzance confia à Cyrille et Méthode, deux frères venus de Thessalonique, la mission d'évangéliser les populations slaves : Cyrille leur aurait transmis un alphabet grec fondé sur l'écriture grecque cursive. Plus tard, le monde slave, s'inspirant de l'écriture grecque majuscule, adopta l'alphabet toujours en usage aujourd'hui, attribué à tort à saint Cyrille et dit *cyrillique* pour cette raison.

La prononciation d'un mot est un fait physique, *humain* : il faut que les organes phonateurs adoptent une position déterminée pour faire vibrer un souffle d'air à une certaine intensité et pour une certaine durée. En ce qui concerne la prononciation du grec ancien, il n'existe que des sources écrites, non *humaines* : des sources qui ne respirent pas et qui n'émettent donc aucun son. Des sources qui *disent* sans *parler*. À force d'approximations et de tâtonnements, la prononciation du grec ancien s'est codifiée au cours des siècles. Pour pouvoir *dire* les mots, et non seulement les lire dans sa tête. Mais le son du grec ancien a disparu ; ses mots ne font plus de bruit. La prononciation d'origine est un autre fragment du monde de cette langue qui s'est perdu.

L'alphabet dans lequel nous lisons aujourd'hui les textes grecs correspond à celui adopté officiellement à Athènes en 403-402 avant J.-C. Il est composé de 24 lettres (en grec τὰ γράμματα, de γράφω, « écrire »). Il y a sept voyelles (en grec τὰ φωνήεντα, « celles qui résonnent ») : α, « *alpha* », ε, « *epsilon* », η, « *êta* », ι, « *iota* », ο, « *omicron* », υ, « *upsilon* », ω, « *ômega* ».

Dix-sept consonnes (en grec τὰ σύμφωνα, « celles qui sonnent ensemble ») : β, « *bêta* », γ, « *gamma* », δ, « *delta* », ζ, « *zêta* », θ, « *thêta* », κ, « *kappa* », λ, « *lambda* », μ, « *mu* », ν, « *nu* », ξ, « *xi* », π, « *pi* », ϱ, « *rhô* », σ, « *sigma* », τ, « *tau* », φ, « *phi* », χ, « *khi* », ψ, « *psi* ». C'est du nom des deux premières lettres, ἄλφα et βῆτα, que dérive le mot ἀλφάβητος, « alphabet ».

Que se passe-t-il lorsqu'il reste les mots d'une langue, mais que l'on n'a aucune certitude concernant sa prononciation ? Il nous est resté du grec ancien l'alphabet écrit, mais non le son des lettres. Contrairement aux Indiens pour le sanskrit, les Grecs n'ont pas eu de phonéticiens pour analyser minutieusement la prononciation et en laisser une description précise. De plus, les sons du grec ont beaucoup varié dans le temps, de l'époque archaïque à l'époque byzantine, et dans l'espace, selon les parlers et les dialectes.

Considérez un instant toutes les variantes dialectales qui existent en italien aujourd'hui. Si elles disparaissaient brutalement, s'il n'y avait plus un seul locuteur de frioulan ou de pouillais, et si personne n'en avait conservé de témoignage écrit précis, comment pourrions-nous transmettre les *sons* de nos mots ? Si, par exemple, on perdait un jour la mémoire de l'accent toscan, mais qu'il ne restât que les textes en langue italienne, comment remonter à l'aspiration du « c », si caractéristique, que l'on appelle *gorgia toscana* ?

Ou encore, s'il n'y avait plus un seul locuteur ni même une attestation écrite, comment comprendre ou même seulement imaginer que le mot *canzone* se prononce « *hanzoné* » à Florence, « *anzoné* », sans aspiration, à Livourne, mais qu'il se dit de façon complètement différente à peine quelques kilomètres plus au nord ou au sud ?

On peut appliquer le même scénario au grec ancien à travers les siècles. Nous sommes effectivement incapables de reproduire la prononciation grecque d'origine. Et pas seulement parce que nous ne la connaissons pas. En effet, *même si nous la connaissions*, il manque à l'italien et au français* nombre des caractéristiques phonétiques du grec ancien. Les mots grecs sont aujourd'hui aussi muets que les marbres de l'Acropole qui racontent un monde extraordinaire sans pouvoir parler. Et même si les mots grecs *parlaient*, si nous *percevions* leurs sons, nous ne saurions pas les comprendre et nous aurions beaucoup de difficultés à les reproduire.

Le grec était une langue extrêmement musicale : même le mot indiquant la modulation de l'accent, *prosodie*, vient du grec πρός et ᾠδή, c'est-à-dire « le chant ». Le latin *accentus* aussi vient de *ad cantus* – et de là les mots italien et français*.

Les onomatopées

Les onomatopées qui nous sont parvenues sont rarissimes et curieuses, elles nous aident à *nous faire une idée* de la manière dont la langue grecque était effectivement prononcée. Nous savons qu'en grec le mouton faisait βῆ βῆ, « bê bê », le chien βαύ βαύ, « bau bau », d'où vient le verbe βαΰζειν, « aboyer », et que pour exprimer la douleur ou l'émerveillement, on soupirait en faisant αἰαῖ, « ahiaï ! » ou οἴ « ohi ! ».

Il est encore plus curieux d'observer que les onomatopées de quasiment tout le monde européen dérivent du grec : le chien fait encore *bau bau* dans presque toutes les langues romanes. En anglais, le chien fait en revanche *arf arf* s'il est de petite taille, *bow bow* s'il est grand, tandis que le mouton fait *baa*. En russe, le chien fait *gav gav*; en japonais, le mouton fait *meh meh*, et ainsi de suite. Si le chien aboie et le mouton bêle de la même manière dans le monde entier, les onomatopées représentant les cris des animaux sont différentes : cela dépend précisément de la présence ou de l'absence de certains sons phonétiques dans les langues concernées.

À la différence de l'italien et de la plupart des langues européennes, l'accent grec (ὁ τόνος) était de type non intensif mais mélodique (on observe la même chose aujourd'hui en chinois, en japonais et dans de nombreuses langues africaines). L'accent ne consistait pas tant dans l'intensité que dans le ton du son émis, dans sa quantité et sa vibration : c'était une intonation musicale. La voyelle tonique n'était pas caractérisée par un renforcement de la voix, mais par son élévation. Une voyelle accentuée était plus aiguë que celles atones et l'accent avait une valeur purement sémantique : c'est parfois uniquement la position de l'accent qui distingue des mots comme τόμος, « morceau coupé », et τομός, « coupant ».

En italien, l'accent a une valeur intensive : le mot *com-pli-ci-tà* est composé de quatre syllabes, dont la dernière est prononcée avec une plus grande intensité en raison de la voyelle accentuée. Le ton musical existe aussi en italien, mais non dans la *nature* des mots : il est lié à leur emploi dans une question, une exclamation ou une affirmation. C'est le ton de la voix qui change dans les phrases *« c'è complicità. »* / *« c'è complicità? »* / *« c'è complicità! »* Il n'y a en revanche pour le mot *complicità* pas de variation de l'accent, qui reste toujours sur la voyelle finale accentuée.

Non content d'être une langue musicale, le grec ancien était aussi une langue fortement rythmée. Le rythme du grec antique est quantitatif et repose sur l'alternance de syllabes longues et brèves. En témoigne la musique grecque qui est pour nous aujourd'hui un trésor illisible et impossible à reproduire, comme par exemple les hymnes retrouvés à Delphes, destinés à être chantés et joués. Chaque voyelle grecque a une forme brève (ῐ, ε, ᾰ, ο, ῠ) et une *longue* (ῑ, η, ᾱ, ω, ῡ). En s'alliant à ι et υ, les voyelles forment aussi des diphtongues, c'est-à-dire des couples de voyelles qui forment une syllabe unique (du grec δίφθογγος, « son double »). Une syllabe est brève *par nature* quand sa voyelle est brève et qu'elle n'est pas suivie de consonnes ; une syllabe est longue *par nature* quand son élément vocalique est long ou quand la voyelle est suivie de consonnes. Dans la détermination de l'accent, seules comptent les syllabes longues et brèves *par nature*, autrement dit leur *durée*.

Ce système rythmique et musical du grec, d'origine indo-européenne, était globalement solide et il perdura pendant des dizaines de siècles. Et ce pour une raison : bien qu'elle soit inaccessible pour nous aujourd'hui, la prononciation du grec était distincte et claire pour les Grecs ; brèves ou longues, toniques ou atones, toutes les voyelles étaient perçues avec netteté, si bien que toutes les syllabes étaient distinctes et bien ordonnées.

L'accent musical et le rythme de la langue perdurèrent jusqu'au IIe siècle après J.-C., lorsque la notion de quantité des voyelles commença à disparaître avec l'affirmation d'un accent de type intensif, comme en grec moderne : les voyelles ne sont plus longues ou brèves *par nature*, mais elles le deviennent selon qu'elles sont accentuées ou non. Les voyelles toniques sont prononcées aujourd'hui encore en grec avec une *élévation* du ton de la voix, montrant que l'accent de hauteur n'a pas disparu ; le concept de durée a, lui en revanche, disparu.

Dès le IIIe siècle après J.-C., on voit apparaître sur les inscriptions grecques des confusions sur la longueur des voyelles avec des erreurs de graphie entre ε ou η, ou bien entre ο et ω.

Le rythme de la langue s'est transformé, mais l'écriture n'en laisse rien paraître. Les locuteurs eux-mêmes durent à peine s'en rendre compte, comme c'est le cas dans toute mutation linguistique irréparable. Et c'est ainsi que l'alphabet grec devint à jamais muet pour nous, même si sa forme est restée intacte pendant des millénaires.

L'alphabet nous a donc été transmis indemne de l'action du temps. Mais si la prononciation d'origine s'est perdue pour toujours, n'allez pas croire que la manière d'écrire le grec ne se soit pas transformée aussi au cours des siècles. Un texte grec nous paraît déjà difficile et presque impénétrable pour nous qui pouvons le lire aujourd'hui bien imprimé sur du papier, et nous aider de la ponctuation, des espaces et des signes diacritiques pour nous orienter entre les mots. C'est un niveau de difficulté bien faible, si l'on considère les sources primaires qui nous ont transmis les textes grecs, des papyrus aux inscriptions, et qui montrent une pratique de l'écriture bien différente – inaccessible et décourageante pour la plupart de nous autres modernes (c'est pourquoi sortir du lycée classique ne suffit pas pour lire les marbres du musée de l'Acropole, ni même être diplômé de lettres classiques, mais il faut avoir suivi des études spécialisées en archéologie et en épigraphie). Jusqu'au IIIe siècle avant J.-C., la *scriptio continua* était d'usage courant en Grèce, c'est-à-dire une écriture sans espace entre les mots, toute en majuscules et sans signes diacritiques (de διακριτικός, « distinctif ») pour distinguer les mots entre eux. Autrement dit, au premier coup d'œil *moderne*, un texte original grec semble constitué d'un seul mot démesuré, incompréhensible et infini, tout en majuscules. Désespérant.

Quand l'usage de l'écriture en minuscules telle que nous la lisons aujourd'hui imprimée dans les livres, commença à se diffuser, les Grecs ressentirent la nécessité (légitime) de rendre le texte plus déchiffrable et ils insérèrent les signes de ponctuation. Ce furent les grammairiens de la bibliothèque d'Alexandrie en Égypte qui, durant l'époque hellénistique consécutive à l'empire d'Alexandre le Grand, codifièrent les signes graphiques tels qu'ils nous sont parvenus : esprits, accents, ponctuation. Leur utilisation ne devint pourtant permanente et *normale* que plusieurs siècles plus tard.

Par conséquent, si nous pouvons lire *commodément* un texte en grec ancien aujourd'hui, le mérite en revient entièrement aux Alexandrins : c'est à eux que l'on doit les signes diacritiques et de ponctuation qui nous *aident* tant dans la *compréhension* du grec. Les voici :

• **L'esprit**, en grec πνεῦμα, «le souffle», indique l'absence ou la présence d'une aspiration sur chaque voyelle ou diphtongue initiale du mot. Il peut être *rude* (῾) ou *doux* (᾿). Dans le premier cas, le mot en question doit être prononcé avec une aspiration initiale semblable au «h» allemand, comme par exemple ὕπνος, «le sommeil». Le second cas est pour le moins original, parce que le grec se soucie de noter même ce qu'il n'y a pas: l'esprit doux indique l'absence d'aspiration, comme dans εἰρήνη, «la paix».

L'aspiration, s'affaiblissant au cours des siècles, disparut de la κοινή et est totalement absente du grec moderne. Elle est en revanche conservée en latin, mais seulement dans la transcription des mots grecs: c'est ce qui explique pourquoi les Romains écrivaient *Homerus* avec un «h», parce que le nom Ὅμηρος, Homère, portait en grec un esprit rude. En italien, l'aspiration des mots grecs a complètement disparu, que ce soit dans la prononciation (nous ne serions pas capables de le prononcer de toute façon) ou dans la transcription courante[1].

• **L'accent**, qui, nous l'avons vu, est de nature mélodique et dont le nom dérive du mot «chant», est marqué sur la voyelle tonique du mot. Il peut être de trois types: *aigu* (´), *grave* (`) ou *circonflexe* (῀). L'accent aigu indique l'élévation de la syllabe sur laquelle il est posé, comme l'illustre le symbole, un signe qui va vers le haut. L'accent grave indique l'abaissement de la syllabe,

1. Homère s'écrit *Omero* en italien. En français, l'aspiration des mots grecs est transcrite par la lettre «h». *(N.d.T.)*

comme l'illustre le symbole, une descente du ton vers le bas. L'accent circonflexe est composé d'un accent aigu suivi d'un accent grave : il indique un mouvement d'élévation du ton suivi de son abaissement soudain. Parce qu'il exprime un rythme double, composé de deux temps, l'accent circonflexe ne peut se trouver que sur les voyelles longues, à la différence des deux premiers accents qui peuvent être posés sur n'importe quelle voyelle.

• **L'apostrophe** ('), en grec ἀποστροφή, « déviation », ou ἔκθλιψις, « élimination », indique l'élision, c'est-à-dire la chute de la voyelle finale d'un mot lorsque le suivant commence aussi par une voyelle. On aura par exemple οὐδ'αὐτός au lieu de οὐδὲ αὐτός, de même qu'en italien nous utilisons l'apostrophe pour écrire *quell'uomo* au lieu de *quello uomo*, et en français « l'homme » au lieu de « le homme »*.

• **L'iota souscrit** est un petit iota écrit sous les voyelles longues, ᾳ, ῃ, ῳ. Il indique qu'il y avait à l'époque classique une diphtongue dont la seconde voyelle ι s'est affaiblie au point de n'être plus prononcée et qui, souvent omise, n'était plus transcrite. À l'époque byzantine, on s'est mis à écrire l'iota manquant sous la première voyelle de la diphtongue et non à côté. Aujourd'hui la voyelle ι souscrit n'est plus prononcée à la lecture.

• **Les signes de ponctuation** sont la virgule (,) et le point (.), utilisés comme dans nos langues. Le grec n'emploie pas de majuscule au commencement de chaque phrase, mais seulement au début d'ensembles plus importants comme un chapitre entier ou un paragraphe.

On trouve ensuite le point en haut (·) qui correspond à une pause intermédiaire entre la virgule et le point, souvent rendu dans les traductions par le point-virgule ; ainsi que le point-virgule (;) qui correspond en revanche en grec à notre point d'interrogation et qui conclut les questions.

Enfin, les éditeurs contemporains introduisent souvent dans les textes grecs, pour en faciliter la lecture, les signes propres à nos langues, comme les guillemets, le deux-points, le point d'exclamation.

Nous autres *modernes* sommes naturellement très reconnaissants envers les Alexandrins qui ont pris la peine de marquer aussi scrupuleusement les esprits, les accents et la ponctuation qui n'existaient pas en grec ancien, pour nous *faciliter* la compréhension de la langue.

Malheureusement, cette gratitude infinie n'a d'égale que l'infini de notre blocage : pour pouvoir bénéficier de l'aide des signes diacritiques, nous devrions d'abord les comprendre. Mais souvent, presque toujours, nous ne les comprenons pas du tout. Si bien que les signes qui devaient faciliter la compréhension du texte se transforment en nouvel obstacle, en difficulté préliminaire, en incompréhension de départ : donc en véritable handicap. Évidemment, nous ne sommes pas stupides au point d'être mis en difficulté par les virgules, les espaces et les apostrophes : jusque-là c'est dans nos cordes. Mais les esprits et les accents, c'est une autre histoire, une histoire terrible pour ceux qui savent de quoi je parle, et aussi pour ceux qui ne le savent pas. Au lycée, l'alphabet est la première chose que l'on apprend pendant les premières semaines du cours de grec. Si vous saviez l'orgueil, la joie d'apprendre à lire et à écrire une deuxième fois dans sa vie ! Tracer de la main les premières lettres hésitantes en grec, majuscules et minuscules. La satisfaction de composer les premières syllabes maladroites et de translittérer son prénom dans un alphabet qui n'est pas le sien, pour le montrer avec un plaisir sans précédent à ses amis et à ses parents. Le sentiment d'accomplissement en prononçant le premier mot à voix haute et tremblante – qui sait pourquoi on ne se souvient jamais du premier mot dit dans une langue qui n'est pas la nôtre.

Orgueil, émotion, satisfaction, sentiment d'accomplissement et plaisir qui durent le temps de tourner la page du manuel et d'affronter le chapitre qui inaugure toute grammaire grecque digne de ce nom : la phonétique. Et c'est le moment de la douloureuse découverte qui met fin à toute félicité enfantine : le grec ne s'écrit et ne se lit pas en connaissant *seulement* son alphabet. Il faut connaître et étudier les lois qui régissent ses accents et ses esprits.

C'est précisément comme cela qu'elles s'appellent : des *lois*, et elles imposent donc des *devoirs* pour obtenir des *droits* en échange : mais ces *droits*, c'est-à-dire les aides à la compréhension, nous sont presque toujours inutiles, parce que nous ne les comprenons plus.

Je n'ai jamais rencontré un seul élève du lycée classique qui ne soit pas hésitant, embarrassé, désespéré ou bloqué face aux lois de l'accentuation, ces accents qui, selon les Alexandrins, devraient tant nous aider à *comprendre* le texte. Moi, par exemple, j'étais bloquée. Et je le suis restée.

Je me souviens très bien du premier contrôle pendant ma première année de lycée. Je me souviens de la perfection avec laquelle j'avais transcrit, conjugué et décliné sur la feuille blanche les verbes et les noms demandés par l'enseignante (je me souviens même *lesquels* et je ne les oublierai jamais : le verbe γϱάφω, « écrire », et le nom ἡ οἰϰία, « la maison »). Mais je me souviens surtout du désespoir aveugle, déraisonné et terrassant qui me saisit lorsque je me rappelai que je devais aussi *accentuer* ces mots et y *placer les esprits* – quelle drôle d'expression c'est là, *placer les esprits*. Des fantômes. La cloche allait sonner, la copie était parfaite, irréprochable, elle en remontrait même au manuel. Mais… il manquait les esprits et les accents. Lever les yeux pendant un devoir signifiait le déshonneur public dans une classe d'adolescents de quatorze ans qui se repaissaient du malheur d'autrui : « Je n'y arrive pas, je suis désespérée, je suis à la traîne, j'ai envie de pleurer », c'étaient les seules pensées qui me venaient à l'esprit. Je gardai donc les yeux bien fixés sur ma feuille, évaluant rapidement les options que j'avais.

Laisser les mots mutilés, sans esprits ni accents ? Impossible, cela aurait été comme essayer des chaussures en cuir dans une boutique de luxe et avoir des chaussettes trouées. Les mettre au hasard ? Mais jusqu'à quel point, au hasard ? Je passai alors en revue mes connaissances en la matière, elles tenaient dans un mouchoir de poche : « L'esprit doux est comme le ventre du D. » Ces astuces ridicules dont tout lycéen italien se souvient à jamais : « le ventre du D », « *aliquis perde le ali*», «*spero, promitto e iuro vogliono sempre l'infinito futuro*»[1], etc. Ces traits d'esprit linguistiques que l'enseignante avait même un peu honte de dire et que l'on jurait de ne plus jamais répéter, quitte à se retrouver ensuite en train de les déclamer avec conviction à ses élèves quelques années plus tard. Parce qu'elles fonctionnent, ces petites phrases *spirituelles* et linguistiques. Toutefois, une fois établi que l'esprit doux était celui qui avait du ventre et que, par nécessaire réciprocité, le rude était l'anorexique, le mystère restait entier à mes yeux, comment diable fallait-il les placer ?

Sans parler des accents, ils étaient encore pires, ceux-là. Parce que le truc mnémotechnique pour distinguer *aigu* et *grave*, il n'avait pas encore été inventé en deux mille années de versions. Le génitif pluriel pouvait être écarté, il y fallait un circonflexe, ça c'était certain. Sur le datif aussi, peut-être. Mais le duel ? Comment lui régler son compte, à celui-là ?

Je fus un instant envahie par une rage profonde contre les Alexandrins qui les avaient inventés, ces accents et ces esprits, puisque les Grecs ne les utilisaient pas avant : merci, vraiment, merci, mais pas la peine de vous déranger la prochaine fois, ça va bien comme ça. Il fallait se résigner. Il était temps de se lancer. Ce fut avec une expression sérieuse et réfléchie, rigoureuse et zélée, que je mis les esprits et les accents sur les mots. Ma main avançait rapidement, virgulant par-ci par-là sur la copie, d'un geste sûr et dédaigneux. J'avais tout faux, naturellement.

---

1. Astuces mnémotechniques permettant de retenir certaines règles de grammaire. *(N.d.T.)*

En matière d'esprits et d'accents, j'étais certainement un cas de blocage particulièrement grave, peut-être presque *clinique*. Parce que je ne les ai jamais appris comme il le fallait, pas même à l'université. J'ai beaucoup étudié pour y remédier, j'ai appris les lois de l'accentuation, je me suis exercée comme une forcenée. Cet effort est toujours resté vain, parce que je n'ai jamais atteint la paix. J'aurais pu rester dans la paix de l'incompréhension, mais je suis en guerre à ne pas comprendre le sens même de tout cela. Si nous ne connaissons pas et ne connaîtrons jamais la prononciation d'origine du grec ancien, pourquoi s'obstiner à en apprendre une inventée de toutes pièces[1] ? Et bien plus, pourquoi s'obstiner à l'*écrire*, cette prononciation ? Encore une fois, imaginons par paradoxe que l'italien disparaisse de la surface de la terre et qu'il ne reste que les textes écrits, comment pourrait-on *imaginer*, ou pire *codifier* une prononciation seulement à partir des œuvres de Dante et de Manzoni – et, tant qu'on y est, à partir des posts déversés dans le néant de Facebook, ou de quelques gazouillis sur Twitter ?

En ce qui concerne les esprits des voyelles, rude

1. Dans les écoles italiennes et françaises* est en usage la prononciation dite érasmienne, défendue par Érasme de Rotterdam dans le *Dialogus de recta Latini Graecique sermonis pronuntiatione* (Bâle, 1528). Cette prononciation est appelée aussi *êtacisme*, parce que le nom de la lettre η se prononce « êta ».

L'humaniste Jean Reuchlin est le défenseur d'une autre prononciation, dite reuchlinienne, ou iotacisme parce que la lettre η se prononce « ita » et que le son « i » prévaut. Elle prend modèle sur le grec byzantin et sur la prononciation du grec moderne, et elle est usitée en Grèce et dans d'autres pays.

et doux, il n'y a pas grand-chose à faire : il faut un peu d'étude, un peu de mémoire et beaucoup d'intuition. De manière générale, même si l'on connaissait les esprits de tous les mots grecs commençant par une voyelle, nous ne serions plus à même de prononcer l'aspiration qui leur correspondait : « En italien, ça ne se prononce pas », c'est ainsi qu'ils liquident l'affaire dans les manuels de grammaire. De nombreux enseignants définissent aussi les esprits et les accents comme des *ornements* : des petites boucles et des petits traits qui rendent peut-être les mots plus élégants, mais qui sont tout à fait inutiles – comme ces belles femmes trop apprêtées, presque *contrefaites*.

Pour les accents, en revanche, il y a beaucoup de lois à apprendre, toutes très complexes, peut-être accessibles à ceux qui ont un bon sens du rythme – dont je suis clairement totalement dépourvue (d'ailleurs je n'ai aucun talent pour les danses latino-américaines non plus) – le grec étant une langue musicale. La loi la plus courante – et la meilleure bouée de sauvetage – est celle du trisyllabisme, dite aussi loi de limitation, parce qu'elle procède par exclusion : si la dernière syllabe du mot est brève, l'accent peut remonter jusqu'à la troisième syllabe avant la fin (cela fait trois possibilités). Si en revanche la dernière syllabe est longue, l'accent peut remonter jusqu'à la pénultième (cela fait deux possibilités).

La source de notre incompréhension et du malaise que nous éprouvons face aux esprits et aux accents du grec est toujours la même : la prononciation de la langue nous a été dérobée. Ses caractéristiques de langue mélodique à rythme musical et non intensif nous sont totalement étrangères. Nos oreilles n'entendront jamais le grec ancien en tant que langue maternelle d'un quelconque être humain : ce qui est l'une des raisons pour lesquelles nous apprenons à prononcer correctement les mots dans notre langue dès l'enfance ou à dire *bonjour* dans des langues étrangères sans même savoir l'écrire.

Voilà pourquoi ces symboles graphiques introduits par les Alexandrins pour faciliter la lecture du grec sont aussi compliqués pour nous : *eux* savaient le lire, pas *nous*. En même temps, les Alexandrins nous ont permis de balbutier le grec, en nous évitant le silence éternel. Nous pouvons donc nous efforcer d'étudier, de comprendre : la vérité est que nous n'arriverons jamais à entendre quel était le son d'une voyelle longue ou brève, un accent aigu, grave ou circonflexe. Nous pouvons seulement nous sentir mal à l'aise, et imaginer. Ou plutôt nous le devons. Parce que, sans l'effort exigé par la phonétique grecque, nous resterons pour toujours sur le seuil de l'un des trésors les plus précieux du grec : la poésie.

La poésie grecque – épique, lyrique, tragédie ou comédie – contient tout ce qu'il y a à savoir sur l'intensité de la vie humaine.

Mais si en italien nous connaissons et nous savons lire les tercets, les sonnets, les chants, les hendécasyllabes, les septénaires et les vers libres (parce que les accents sont les nôtres), comment composait-on la poésie grecque ? Et surtout comment la lisait-on ?

Le rythme de la langue reposait sur l'alternance de syllabes longues et brèves, et l'accent des mots passait au second plan : dans la Grèce antique, composer un vers signifiait distribuer de manière déterminée les syllabes longues et brèves. Les poètes, dans la versification, ne s'appuyaient donc pas sur l'accent tonique des mots, comme c'est le cas en italien, mais sur leur rythme et la durée, longue ou brève, de leurs syllabes. Depuis l'époque archaïque jusqu'après le passage à l'ère chrétienne, ils n'ont jamais tenté de faire coïncider le mètre de leurs vers avec les accents : la place de l'accent était parfaitement indifférente pour l'écriture de la poésie.

Les Grecs percevaient les deux : l'accent du mot et la longueur des syllabes selon la métrique choisie ; c'est nous qui, ne réussissant pas à les percevoir en même temps, mettons en sourdine les accents des mots lorsque nous lisons en vers métriques. Ce qui comptait était le son mélodique de la langue, sa musicalité en tant que façon sincère de s'exprimer, la succession soigneusement choisie de syllabes longues et brèves.

C'est pourquoi, qu'il s'agisse d'Homère, de Pindare, de Sappho, de Sophocle ou d'Aristophane, il est impossible d'affirmer que la poésie grecque devait être *uniquement récitée* : sa composante musicale exclut une lecture orale comparable à celle de la poésie italienne. En même temps, la poésie grecque n'était pas *uniquement chantée* non plus, bien que parfois les poètes aient été accompagnés d'instruments à cordes comme la lyre ou la cithare.

La *mélodie* de la poésie grecque était liée à la nature musicale de la langue, à l'alternance continue du haussement et de l'abaissement de la voix du locuteur, à la longueur avec laquelle on prononçait chaque syllabe du vers. Une musicalité dont on trouve la trace aussi dans la prose, bien que ce soit moins net.

Il y avait des schémas métriques précis, c'est-à-dire des modalités de versification fondées sur des rythmes différents, spécifiques à chaque genre poétique. La poésie épique, par exemple, préférait l'hexamètre ; la poésie lyrique, l'iambe, le trochée et les mètres éoliens ; la tragédie et la comédie, le trimètre iambique et les mètres éoliens pour le chœur. Chacun de ces schémas, extrêmement complexe et difficile à rendre pour nous, ne correspondait pas seulement à une caractéristique de la langue grecque : il correspondait au libre choix d'expression du poète. La possibilité de remplacer une voyelle longue par deux brèves rendait en effet plus vaste et vrai l'éventail des mots que les poètes avaient à leur disposition pour versifier. La métrique de la poésie grecque n'était donc pas obtenue en *forçant* la langue : c'était une façon d'exprimer, par la voix, une certaine idée du monde, un monde *musical*.

Quand, vers le IIIe siècle après J.-C., on perdit la conscience de la quantité des syllabes, il ne restait plus qu'un moyen pour préserver ce monde : l'annoter graphiquement. Peu importe si ce moyen est muet. À l'époque byzantine, la connaissance des formes métriques originales était désormais bien vague, mais les grammairiens continuèrent à copier les schémas métriques, page après page : ce fut grâce à leur ténacité infatigable et silencieuse que les vestiges de la métrique grecque survécurent à la chute de Constantinople et parvinrent jusqu'à nous.

Et alors, concrètement, comment sont-ils parvenus

jusqu'à nous, les sons de la poésie grecque ? S'il était possible de photographier le silence d'une langue, son image serait la suivante :

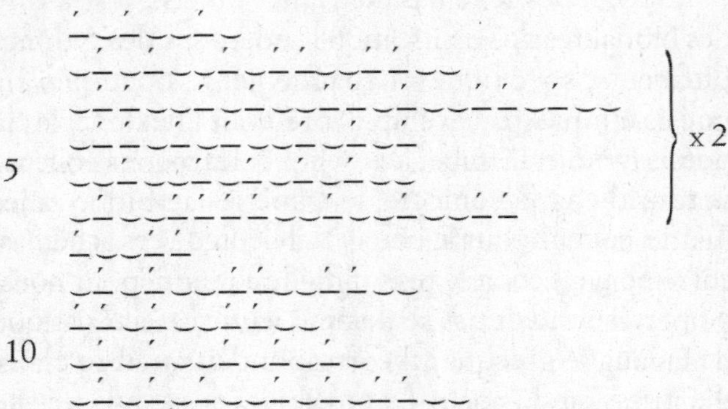

Voilà la représentation graphique du schéma métrique utilisé par le poète Pindare pour la Pythique X, dédiée à Hippoclès de Thessalie. Il est vrai que le symbole (–) correspond à une voyelle longue et (⌣) à une voyelle brève. Il est vrai que sous ces symboles, il y a des mots porteurs de sens, choisis pour célébrer les hauts faits dudit Hippoclès et ses origines mythiques. Cependant il est tout aussi vrai que même en se forçant à comprendre le mètre, même en l'accentuant *à notre manière*, c'est-à-dire avec le ton, les voyelles longues, nous ne nous approcherons jamais de la manière dont cette poésie était prononcée.

Nous ne pourrons jamais vraiment comprendre pourquoi le poète choisit cette alternance de brèves et de longues et ce qu'il voulait exprimer par ses choix : cette poésie est pour nous muette. Nous avons perdu une partie fondamentale de son sens.

Tels des poissons dans un bocal, nous bougeons les lèvres sans émettre un seul son. Ou du moins aucun son *grec.*

« Nous ne pourrons jamais espérer saisir véritablement l'élan d'une phrase en grec aussi bien qu'en anglais. Nous n'entendons pas la langue, tantôt dissonante, tantôt harmonieuse, faisant ricocher les sons, ligne après ligne, sur toute la page. Nous ne percevons pas de manière infaillible tous ces minuscules signes qui permettent à une phrase de suggérer, de se transformer, de vivre. Il n'en reste pas moins que le grec est la langue qui nous tient en esclavage, le désir que nous en éprouvons nous attire perpétuellement vers elle » ; tels sont les mots de Virginia Woolf dans son superbe essai *De l'ignorance du grec.*

Et c'est tout à fait cela : nous ne pourrons jamais espérer faire nôtre l'intensité d'un seul mot en grec ancien. Et pourtant nous continuons à étudier cette langue qui nous séduit depuis des millénaires avec la force de son *éloignement* que, depuis des millénaires, nous prenons ou troquons pour de la *proximité.* Dans les textes grecs, ce n'est plus le monde grec que nous lisons, c'est nous-mêmes.

C'est la même chose pour la musicalité du grec que nous lisons aujourd'hui avec notre son et notre rythme, mais nous serions prêts à tout pour entendre, ne serait-ce qu'une seule fois, comment se prononçait un mot grec. Un trente-trois tours sans tourne-disque. Le diamant est perdu pour toujours, et nous ne savons plus comment régler le bras : l'unique façon de profiter de la musique est d'imaginer le son.

Trois genres, trois nombres

«Et nous, nous sommes le rivage
mais toujours en deçà de cette île
où l'on dit je pour dire
– pour être – nous.»

Pierluigi Cappello,
Azzurro elementare (*Azur élémentaire*).

En italien comme en français*, nous ne pouvons donner un visage, une couleur ou une nature aux choses du monde qu'à l'aide de deux genres, le masculin et le féminin. Le grec ancien possédait un genre de plus : le neutre.

En italien comme en français*, nous ne pouvons compter et mesurer la vie qu'à l'aide de deux nombres : le singulier et le pluriel. Le grec ancien possédait un nombre de plus : le duel.

J'ai longtemps cherché une page en grec ancien qui puisse amener le lecteur au plus près de ces genres et de ces nombres perdus. J'ai feuilleté des recueils, des versions, épluché des textes : je me suis donné du mal, mais rien ne me semblait apte à *soulever le voile pour faire comprendre, pour faire ressentir*. D'un côté, il est pratiquement impossible de trouver une seule ligne en grec ancien où n'apparaisse le neutre : trop de lumière, c'est donc aveuglant pour qui cherche à comprendre. D'un autre côté, l'utilisation du nombre duel est si particulière qu'il est pratiquement impossible de trouver plus d'une ligne où il réapparaisse avec constance : trop peu de lumière, c'est donc aveuglant (dans le sens inverse) pour qui cherche à comprendre.

J'ai finalement choisi l'un des passages les plus célèbres de Platon : celui que l'on cite d'habitude pour parler d'*âme sœur* ou des *deux moitiés d'une même pomme* (qui sait combien l'ont lu pour de vrai et non sur un emballage de chocolat...). Bref, j'ai choisi un passage qui parle d'amour. Ou de solitude. Parce que tous, un jour ou l'autre dans la vie, nous connaissons le sentiment de l'amour, de même que nous connaissons sa fin, l'abandon.

Bien que l'on trouve dans ce texte des mots au genre neutre et au nombre duel, je sais bien que ce n'est pas l'exemple le plus orthodoxe pour illustrer les particularités de la langue grecque et que le sens du texte réside ailleurs : dans l'amour, justement. Et vous savez de toute façon que le livre que vous avez entre les mains n'est pas un manuel de grammaire grecque, mais un *récit non conformiste* de la grammaire grecque.

« Traduire » vient du latin *traduco*, c'est-à-dire « transférer », « conduire au-delà ». Voilà pourquoi j'ai choisi de proposer cet extrait du *Banquet* (189d-191d) : pour conduire le lecteur, peu importe qu'il ait étudié le grec ou non, vers des genres et des nombres dont nous ne disposons plus. Le conduire au-delà, le laisser imaginer, le laisser *ressentir* pour ensuite comprendre.

Πρῶτον μὲν γὰρ τρία ἦν τὰ γένη τὰ τῶν ἀνθρώπων, οὐχ ὥσπερ νῦν δύο, ἄρρεν καὶ θῆλυ. Ἀλλὰ καὶ τρίτον προσῆν κοινὸν ὂν ἀμφοτέρων τούτων, οὗ νῦν ὄνομα λοιπόν, αὐτὸ δὲ ἠφάνισται.

« Sachez d'abord que l'humanité comprenait trois genres, et non deux, mâle et femelle, comme à présent ; non, il en existait en outre un troisième, tenant des deux autres réunis et dont le nom subsiste encore aujourd'hui, quoique la chose ait disparu[1]. »

Ἔπειτα ὅλον ἦν ἑκάστου τοῦ ἀνθρώπου τὸ εἶδος στρογγύλον, νῶτον καὶ πλευρὰς κύκλῳ ἔχον, χεῖρας δὲ τέτταρας εἶχε καὶ σκέλη τὰ ἴσα ταῖς χερσί, καὶ πρόσωπα δύο ἐπ' αὐχένι κυκλοτερεῖ, ὅμοια πάντῃ.

« En second lieu, elle était d'une seule pièce, la forme de chacun de ces hommes, avec un dos tout rond et des flancs circulaires [comme une boule ou une pomme] ; ils avaient quatre mains, et des jambes en nombre égal à celui des mains, puis deux visages au-dessus d'un cou d'une rondeur parfaite, et absolument pareils l'un à l'autre. »

Ἦν δὲ διὰ ταῦτα τρία τὰ γένη καὶ τοιαῦτα, ὅτι τὸ μὲν ἄρρεν ἦν τοῦ ἡλίου τὴν ἀρχὴν ἔκγονον, τὸ δὲ θῆλυ τῆς γῆς, τὸ δὲ ἀμφοτέρων μετέχον τῆς σελήνης, ὅτι καὶ ἡ σελήνη ἀμφοτέρων μετέχει.

---

1. Platon, *Le Banquet*, in *Œuvres complètes*, t. IV, 2e partie, texte établi et traduit par L. Robin, Paris, Les Belles Lettres (CUF), 1951 ; les textes entre crochets sont d'Andrea Marcolongo. *(N.d.T.)*

« Et pourquoi, maintenant, ces genres étaient-ils au nombre de trois, et ainsi constitués ? C'est que le mâle était originairement un rejeton du soleil ; le genre féminin, de la terre ; celui enfin qui participe des deux, un rejeton de la lune, vu que la lune participe elle aussi des deux astres. »

Ἦν οὖν τὴν ἰσχὺν δεινὰ καὶ τὴν ῥώμην, καὶ τὰ φρονήματα μεγάλα εἶχον, ἐπεχείρησαν δὲ τοῖς θεοῖς, καὶ ὃ λέγει Ὅμηρος περὶ Ἐφιάλτου τε καὶ Ὤτου, περὶ ἐκείνων λέγεται, τὸ εἰς τὸν οὐρανὸν ἀνάβασιν ἐπιχειρεῖν ποιεῖν, ὡς ἐπιθησομένων τοῖς θεοῖς. Ὁ οὖν Ζεὺς καὶ οἱ ἄλλοι θεοὶ ἐβουλεύοντο ὅ τι χρὴ αὐτοὺς ποιῆσαι, καὶ ἠπόρουν.

« C'étaient en conséquence des êtres d'une force et d'une vigueur prodigieuses ; leur orgueil était immense : ils allèrent jusqu'à s'en prendre aux dieux. L'histoire que raconte Homère d'Éphialte et d'Otos, leur tentative d'escalader le ciel, c'est les hommes d'alors qu'elle concerne : ils voulaient en effet s'attaquer aux dieux. Or donc Zeus et les autres divinités se demandaient ce qu'ils devaient faire, et ils étaient bien embarrassés ! »

Μόγις δὴ ὁ Ζεὺς ἐννοήσας λέγει ὅτι 'δοκῶ μοι', ἔφη, 'ἔχειν μηχανὴν ὡς ἂν εἶέν τε ἄνθρωποι καὶ παύσαιντο τῆς ἀκολασίας ἀσθενέστεροι γενόμενοι. Νῦν μὲν γὰρ αὐτούς, ἔφη, διατεμῶ δίχα ἕκαστον, καὶ ἅμα μὲν ἀσθενέστεροι ἔσονται, ἅμα δὲ χρησιμώτεροι ἡμῖν διὰ τὸ πλείους τὸν ἀριθμὸν γεγονέναι· καὶ βαδιοῦνται ὀρθοὶ ἐπὶ δυοῖν σκελοῖν'.

« Zeus, après s'être là-dessus bien cassé la tête, prend la parole : "Si je ne me trompe, je tiens, dit-il, un moyen pour qu'à la fois il puisse y avoir des hommes, et que ceux-ci mettent un terme à leur indiscipline, du fait qu'ils auront été affaiblis. Je m'en vais en effet, poursuivit-il, couper par la moitié chacun d'eux ; et de la sorte, en même temps qu'ils seront plus faibles, ils nous rapporteront en même temps davantage, parce que leur nombre se sera accru. Ainsi ils marcheront tout droit sur deux jambes."»

Ταῦτα εἰπὼν, ἔτεμνε τοὺς ἀνθρώπους δίχα, ὥσπερ οἱ τὰ ὄα τέμνοντες καὶ μέλλοντες ταριχεύειν, ἢ ὥσπερ οἱ τὰ ᾠὰ ταῖς θριξίν.

«Sur ces mots, il coupa les hommes en deux, à la façon de ceux qui coupent les cormes [ces grosses baies rouges utilisées pour préparer des confitures ou de la liqueur] pour en faire des conserves, ou encore un œuf avec un crin.»

Ἔστι δὴ οὖν ἐκ τόσου ὁ ἔρως ἔμφυτος ἀλλήλων τοῖς ἀνθρώποις καὶ τῆς ἀρχαίας φύσεως συναγωγεὺς καὶ ἐπιχειρῶν ποιῆσαι ἓν ἐκ δυοῖν καὶ ἰάσασθαι τὴν φύσιν τὴν ἀνθρωπίνην.

«C'est donc sûrement depuis ce temps lointain qu'au cœur des hommes est implanté l'amour des uns pour les autres, lui par qui est rassemblée notre nature première, lui dont **l'ambition est, avec deux êtres, d'en faire un seul** et d'être ainsi le guérisseur de la nature humaine.»

Avec ou sans âme. Le neutre

L'homme, la femme. Le ciel, la terre, la mer. La bouche, la pensée. L'arbre, le fruit.

Le grec ancien avait une façon intense de donner

au monde un visage. Une manière d'aller chercher la nature très loin sous la surface des choses. En dehors des genres féminin et masculin avec lesquels nous choisissons d'exprimer la vie dans nos langues, le grec possédait un genre en plus : le neutre.

L'opposition ne reposait pas sur la *couleur* des mots : rose et bleu, comme le font les enfants, et puis une chose sans couleur, peut-être blanche ou noire. Elle ne reposait pas non plus sur leur *sexe* : en ce cas, quel serait celui des pensées ? La distinction du grec ancien se faisait entre le genre animé, masculin ou féminin, et le genre inanimé. Les choses de la vie étaient classées grammaticalement selon qu'elles étaient *avec* ou *sans âme*. Les concepts abstraits étaient au neutre, τὸ ὄνομα, « le nom », τὸ μέτρον, « la mesure », τὸ δῶρον, « le don », τὸ θέατρον, « le théâtre ». Certains objets étaient au neutre, τὸ ὅπλον, « l'arme », τὸ δόρυ, « la lance », ainsi que certaines entités, τὸ ὄρος, « la montagne », τὸ ὕδωρ, « l'eau », τὸ κῦμα, « l'onde ». Le corps humain, τὸ σῶμα, était neutre tout comme certaines de ses parties : τὸ ἦτορ, « le cœur », τὸ πρόσωπον, « le visage », τὸ δάκρυον, « la larme ». « Le printemps », τὸ ἔαρ, était neutre ; « les rêves », τὰ ὀνείρατα, étaient neutres.

L'opposition entre les deux genres, l'animé (masculin ou féminin) et l'inanimé (neutre), est caractéristique de l'indo-européen et elle se conserve en grec sans aucun flou. Bien plus, la flexion indo-européenne ne faisait même pas la distinction entre masculin et féminin pour une bonne partie des substantifs animés : ils formaient un genre unique, la même vision projetée sur le monde doué d'une âme. C'est le grec qui a innové en fixant leur différence avec l'emploi de l'article masculin et de l'article féminin, exactement comme nous le faisons en italien ou en français*.

Isidore de Séville

Lorsque l'on évoque la chute de l'Empire romain et les ruines linguistiques, comment ne pas penser à Isidore de Séville, le personnage le plus érudit, savant, bizarre et génial tout à la fois, qui enquêta sur la langue au haut Moyen Âge ?

C'est même précisément pour son originalité sans égale qu'Isidore de Séville (560 ?-636) mérite d'être mentionné ici. Mais ces lignes seront toujours trop courtes comparées au nombre de livres et de notions qu'Isidore a arrachés aux tourmentes du Moyen Âge pour nous les transmettre.

Je pourrais peut-être rendre justice à son courage immense, et à son imagination tout aussi extraordinaire, tout simplement en lançant un chaleureux appel à lire les *Étymologies ou Des origines*, un recueil de tout le savoir humain de l'époque, de la médecine à la langue, des animaux à la géographie, des arts jusqu'au droit. Les *Étymologies* d'Isidore furent en fait la première « encyclopédie » de l'histoire et l'un des plus forts points de résistance à l'écroulement définitif de la culture gréco-romaine. Son œuvre fut lue, transmise et enseignée durant tout le Moyen Âge, au moment même où les langues, les peuples, les religions, les lois et les États étaient en pleine mutation ; où le latin devenait toujours plus approximatif et où l'on perdait la mémoire du grec en Europe occidentale.

Au livre IX, dans le premier chapitre (1, 13-14), dédié aux langues des peuples, c'est avec une extraordinaire clairvoyance qu'Isidore écrit : « c'est une question de savoir quelle langue les hommes parlent dans le siècle à venir : nulle part il n'y a de réponse. De fait, l'Apôtre dit : "même les langues cesseront." Ainsi, nous avons d'abord traité des langues, ensuite des nations : parce que les nations sont nées des langues et non les langues des nations[1]. »

C'est à juste titre que Dante qualifie d'*ardent* l'esprit d'Isidore de Séville au vers 131 du dixième chant du *Paradis* : l'Espagnol ne se ménagea aucunement dans son effort titanesque pour décrire la réalité uniquement à travers l'origine des mots qui la racontent.

Un effort qui ne fut pas vain, si l'on pense que durant tout le Moyen Âge, alors que les bibliothèques brûlaient et que les textes anciens étaient en train de disparaître, une grande partie de l'Antiquité fut étudiée dans ses *Étymologies* par des peuples qui, unis durant des siècles par une même langue et désormais divisés, se trouvaient égarés à la croisée des chemins entre passé et présent.

Difficile de nier que bon nombre de ses étymologies sont bizarres et fantaisistes ; certaines sont vraiment inventées de toutes pièces, et donc particulièrement savoureuses à lire aujourd'hui. Elles sont savoureuses, certes, mais il ne faut pas les condamner pour autant : nous disposons aujourd'hui de toute l'étendue de la science et de la connaissance, mais lorsque Isidore de Séville rassembla tout ce qu'il pouvait, un empire, non seulement politique mais surtout culturel, était en train de s'écrouler à jamais sous ses pieds. Donc, rendons toute gloire à sa force, et aussi à sa fantaisie.

1. Isidore de Séville, *Étymologies*, livre IX, *Les langues et les groupes sociaux*, texte établi et traduit par M. Reydellet, Paris, Les Belles Lettres (Auteurs latins du Moyen Âge), 1984. *(N.d.T.)*

En ce qui concerne le genre des mots, Isidore affirme, dans le septième chapitre du livre I consacré à la grammaire, que l'on a le masculin et le féminin.

Poussé par le souci d'exhaustivité qui caractérise toute son œuvre, il mentionne aussi les genres « spéciaux », fruits de la raison humaine : le neutre (de *ne-uter*, « ni l'un ni l'autre »), un genre commun qui participe des deux genres, comme *canis* pour « le chien » et « la chienne », et un très étrange « genre épicène » qui recouvre les deux sexes. Pour ce dernier, Isidore se lance dans une explication peut-être trop précise : il donne en effet l'exemple du *poisson*, qui est seulement masculin parce que « le sexe de cet animal est difficilement définissable, car on ne le distingue ni par le comportement, ni par l'aspect de l'animal, mais seulement en le palpant avec des mains expertes » (pour l'art de la palpation du poisson, nous renvoyons aux pêcheurs de Livourne).

Une dernière remarque : en 2002, le pape Jean-Paul II désigna Isidore de Séville comme le saint patron d'Internet et de ceux qui en font métier ; ses *Étymologies* rassemblant tout le savoir humain seraient le précurseur du Web, et l'index classant les différents thèmes abordés serait la première base de données de l'histoire.

Le neutre s'opposait nettement aux deux autres genres : cette opposition se prolonge, à l'exception de quelques confusions ou oscillations, durant toute l'histoire du grec ancien jusqu'à la κοινή, pour arriver au grec d'aujourd'hui, intacte et chargée de tout son sens.

Pour une fois, l'une des caractéristiques du grec ancien n'a pas été effacée du tableau noir du temps. La distinction entre animé et inanimé, propre à la façon de penser indo-européenne, a maintenu son rôle grammatical et fonctionnel à travers les millénaires ; résistant aux guerres, aux invasions et à l'Histoire avec un grand H, le neutre nous a été transmis à nous, à la petite histoire. Ou plutôt, il a été transmis aux Grecs (modernes) ; car nous ne l'avons plus dans notre langue, bien que le neutre soit vital et fondamental aussi en latin.

À la différence de certaines langues germaniques, le neutre disparaît de toutes les langues romanes qui, comme la nôtre, dérivent du latin. Ce fut au cours de l'évolution linguistique postérieure à l'arrivée de nouveaux peuples que chacun des mots de nos langues dut définitivement choisir entre masculin et féminin. Sous le poids des ruines de l'Empire romain, chaque mot cessa alors de se demander *s'il avait une âme ou non*. Et le masculin et le féminin devinrent la seule façon de se distinguer linguistiquement.

En grec, la vie, ὁ βίος, est masculine, la mort, ὁ θάνατος, est masculine.

Le mot signifiant « être vivant », τὸ ζῷον, est neutre.

Pour résumer, le système des trois genres en grec reposait sur la distinction antique entre les mots porteurs d'un sens animé ou inanimé, avec ou sans âme. L'opposition entre masculin et féminin était beaucoup moins nette, à distance du signifié originel, et parfois confuse ou effacée. Le mot grec signifiant « genre », τὸ γένος, est lui-même au neutre.

La distinction entre neutre et masculin/féminin est cependant moins banale et plus profonde qu'on ne peut l'imaginer. Il est souvent difficile de retrouver le sens qu'a le genre d'un mot grec et de s'en saisir ; c'est parfois même impossible.

Les noms des arbres sont féminins parce qu'ils génèrent la vie, tout comme la terre. En revanche, les fruits de l'arbre, considérés linguistiquement comme des objets, sont neutres. On a ainsi ἡ ἄπιος, « le poirier », au féminin, et τὸ ἄπιον, « la poire », au neutre. Τὸ σῦκον, « la figue », est au neutre, mais l'arbre qui la met au monde, ἡ συκέα, est au féminin. « L'olivier » et « l'olive », ἡ ἐλαία, sont féminins, mais « l'huile d'olive », τὸ ἔλαιον, est neutre.

Les diminutifs des mots masculins et féminins sont neutres, au sens affectueux ou dépréciatif de « petit ». Ὁ μόσχος, « le veau », τὸ μοσχίον, « le petit veau ». Ὁ μεῖραξ, « le garçon », τὸ μειράκιον, « le garçonnet ».

L'action, l'acte de faire, est féminine, ἡ πρᾶξις ; le résultat de l'action, le fait, τὸ πρᾶγμα, est neutre. La terre, ἡ γῆ, est féminine, tout comme la mer, ἡ θάλασσα : toutes deux sont porteuses de vie, de force de reproduction, de fécondité, et donc porteuses d'une âme.

Parfois, les noms qui sont masculins ou féminins au singulier, et donc animés, deviennent neutres au pluriel, parce qu'ils prennent une valeur collective exprimant une idée abstraite. Ἡ κέλευθος, le chemin, est féminin ; τὰ κέλευθα, la traversée ou le voyage, est neutre. Le flambeau, ὁ λύχνος, est masculin, mais la lumière, τὰ λύχνα, est neutre.

On ne sait pas bien pourquoi certaines parties du corps humain sont masculines, d'autres sont féminines et d'autres encore sont neutres. L'œil, ὁ ὀφθαλμός, la dent, ὁ ὀδούς, le pied, ὁ πούς, sont masculins. Le nez, ἡ ῥίς, la main, ἡ χείρ, sont féminins. La bouche, τὸ στόμα, l'oreille, τὸ οὖς, le genou, τὸ γόνυ, sont neutres.

En grec ancien, de nombreux mots archaïques se référant à la terre, à l'agriculture et au bétail, renvoient à un genre animé d'origine, unique, sans distinction de sexe.

Ὁ/Ἡ βοῦς est le bœuf aussi bien que la vache ; ὁ/ἡ ἵππος est à la fois le cheval et la jument. Ce sont ensuite l'article et l'adjectif qui en précisent le sexe, ou bien des mots spécifiques, comme ὁ ταῦρος, le taureau.

Dans certains cas, il existe, sans qu'il y ait d'explication logique, le masculin et le féminin pour un même mot : ὁ γόνος et ἡ γονή signifient tous deux « la descendance ».

Avec le nombre, c'est le genre qui permet en grec de rendre manifestes les relations entre les mots au sein de la phrase. Son importance grammaticale est considérable dans une langue qui repose sur les cas, et il joue un rôle fondamental dans la syntaxe en reliant les mots accordés entre eux.

Le genre et le nombre sont d'une grande aide pour démêler un texte grec, une *boussole indiquant le sens*, comme le savent tous les élèves.

Comment étudie-t-on la différence entre masculin, féminin et neutre à l'école ? Comment apprend-on le genre des mots ?

Cette fois-ci, la mémoire ne peut nous aider (à moins que l'on veuille pousser la folie au point de mémoriser tous les mots du dictionnaire), et il n'y a pas de méthode d'enseignement parfaite, aussi sensible et attentive qu'elle puisse être sur le plan linguistique.

Dans toutes les langues du monde, le fait qu'un mot soit masculin ou féminin (ou neutre) est difficile à reconnaître et à justifier. C'est au fond parce que chaque langue, vivante ou morte, choisit le genre de ses mots de manière presque totalement *arbitraire*. Les locuteurs l'apprennent ensuite, ils le ressentent *au plus profond d'eux-mêmes*, lorsqu'ils accordent les mots entre eux pour s'exprimer, souvent sans en avoir la moindre conscience.

Aucun d'entre nous n'accorde beaucoup d'attention au choix d'un adjectif masculin ou féminin pour décrire une femme, un ciel, un livre ou un rêve : le genre des choses vient tout seul. Il vient de l'intérieur, il vient de loin : *de la conscience linguistique*. Nous ne devons faire aucun effort particulier pour choisir le genre des mots utilisés en parlant au téléphone avec un ami, en écrivant un mail à son chef, en écoutant une chanson ou en regardant un film. Personne – hormis les fouineurs pathologiques – ne se demande jamais pourquoi un mot est masculin ou féminin : pourquoi devrions-nous nous poser la question ? Moi-même, en écrivant, je ne fais pas particulièrement attention à relier les mots entre eux selon leurs relations grammaticales. Avant même de commencer à parler, j'ai appris que « le chien » est masculin et « la maison » est féminin. Ma langue maternelle est ma langue *naturelle* : c'est ma langue, *elle est en moi*.

Mais il n'en va pas ainsi pour les langues qui ne sont pas les nôtres, c'est-à-dire les langues étrangères. Et le grec est une langue étrangère, qui n'est pas la nôtre, et qui décide en totale liberté sa manière de voir le monde et d'exprimer le genre de chaque mot. Comme ce n'est pas notre langue naturelle, le genre des mots n'est pas *en nous* ; et de surcroît, comme c'est une langue morte, il n'y a pas de locuteurs survivants, mais seulement des textes, des héritiers muets.

Il est donc impossible de trouver un moyen automatique ou mécanique de comprendre le genre des mots en grec ancien. Chacun d'entre eux est masculin, féminin ou neutre, parce qu'il l'était à l'oreille et surtout à l'esprit de celui qui les prononçait.

Les genres sont ainsi la propriété exclusive de la langue, de chaque langue ; et il n'y a rien que nous puissions y faire. Ils sont une façon entièrement originale de dire le monde. Par exemple, « *il mare* » est masculin en italien et « la mer » est féminin en français. Aucun locuteur ne se demande pourquoi, ni ne trouve cela étrange : dans les deux cas, c'est ainsi *par nature*.

Inversement, on se creuse la cervelle, on étudie, on redouble d'efforts lorsque l'on apprend une langue qui n'est pas la sienne. Dans ce cas, l'apprentissage des genres du grec ancien ne diffère pas beaucoup de celui des genres de toute autre langue. Cela relève peu de la *sensibilité* ; au contraire, les comparaisons mécaniques avec notre langue maternelle sont une source d'erreurs grossières et nous couvrent de ridicule. Cela relève presque entièrement de l'*imprévisibilité*.

Il faut donc de la patience, de la constance, de l'indulgence, de l'aptitude. Il faut du temps, tout le temps nécessaire. Plus l'on croise, en étudiant le grec, un mot masculin, féminin ou neutre, plus les probabilités de se souvenir de son genre sont élevées.

Mais surtout, il faut avoir confiance en soi-même et dans la langue, qui *est ce qu'elle est*, et qui est unique, précisément pour cette raison.

L'exemple par excellence pour expliquer l'arbitraire des genres ? Mon prénom, Andrea.

Étymologiquement, il vient du grec ὁ ἀνήρ, le mâle. C'est ce qu'il signifie, indéniablement, sans excuses, interprétations ni possibilités de faire appel.

Il se trouve que je suis une femme.

Il se trouve que je suis la fille d'un père qui ne connaît ni la tristesse ni la peur, mais qui est reconnaissant chaque jour envers le soleil qui se lève pour la beauté de la vie, y compris pour l'idée défiant toute logique, mais ô combien brillante, de m'appeler Andrea (« Andrea et rien d'autre », tonna-t-il, selon la légende, à l'adresse de l'employé de l'état civil, déconcerté, qui suggérait un second prénom plus *traditionnel*).

Mais je suis une femme qui a été petite fille en Italie, et je vous assure que mon enfance, avec ce prénom de garçon, n'a pas été une partie de plaisir ; ou plutôt le plaisir était du côté de tous les enfants qui se moquaient de moi. En Italie, rien à faire, mon prénom était perçu comme *masculin*. Tout ce que pouvait me dire ma mère pour me consoler quand je rentrais à la maison mortifiée, était inutile : elle me disait par exemple qu'*Andrea* finissait par un « a » et que c'était donc *un peu féminin* (moi, je voulais un prénom *entièrement féminin*, et pas seulement *un peu*, comme les autres petites filles : pendant un certain temps, entre six et sept ans, je me mis à mentir et à dire autour de moi que je m'appelais Silvia, au grand dam de mon père).

Et surtout, il est vain de répéter cent ou mille fois

qu'Andrea est un prénom *de fille* dans la moitié de l'Europe et dans les deux Amériques, du Sud et du Nord. Cela ne compte pas, pas plus que le fait qu'il est évident que je suis une femme. En Italie, Andrea est un prénom *masculin* et c'est ainsi qu'il est perçu par tous les Italiens, point final. En dehors des frontières de notre pays, ce n'est pas le cas, mais à l'intérieur, si. C'est ce sentiment linguistique de l'italien qui justifie la question que l'on me pose invariablement tous les jours : « Vous êtes étrangère ? » (les cheveux blonds, les yeux clairs, la peau très pâle n'aident pas : aujourd'hui encore, au café, on m'aborde directement en anglais ou en allemand).

Conséquence, le Trésor public m'assigna un code fiscal erroné, un pour homme ; et, à dix-huit ans, je reçus une convocation pour le service militaire.

Conséquence, à chaque fois que je me présente, j'ai droit, selon les cas, à un silence embarrassé ; à des exclamations variées comme « hein ? » ou « ah » ; à des demandes de précisions comme : « Mais Andrea, Andrea ? » ; et dans le pire des cas, à des blagues douteuses. Une fois, quelqu'un a réussi à me demander comment je m'appelais *en vrai*, en croyant fermement qu'Andrea était un *nom de plume* (et qui sait d'ailleurs pourquoi je devrais avoir un nom de plume ?).

Conséquence, à chaque fois que j'utilise la carte de crédit à mon nom, les caissiers me regardent comme si j'étais une voleuse ou, dans le meilleur des cas, ils me demandent si *mon mari* sait que je suis en train de faire du shopping avec son argent. Le contrôleur de train qui vérifie les billets nominatifs a une petite toux embarrassée, m'obligeant à dire « Si, c'est bien moi » et l'hôtesse de l'air me demande mes papiers trois fois, pour plus de sûreté.

Conséquence, aucun opérateur de centre d'appel ne croit vraiment que je suis bien Andrea, tout comme les facteurs, les employés de banque, les vigiles à l'entrée des stades ou des concerts ; et pourtant si, c'est bien moi, même si mon prénom est un prénom *d'homme* en Italie.

J'ai estimé à trois par jour en moyenne les malentendus occasionnés par mon prénom masculin. Vous pouvez donc imaginer la sérénité que j'éprouve dès que je mets le pied à l'étranger (comme en ce moment où j'écris ces lignes à Sarajevo ; pour tous, entre prénom et *couleurs*, je suis slave).

Et pourtant, une fois devenue femme, je suis devenue fière du prénom Andrea, bien que ce soit original pour une helléniste d'avoir un prénom étymologiquement erroné.

Andrea est mon prénom, c'est ma façon d'être, mon étendard, et je remercie mon père pour sa force et sa liberté, son cadeau le plus beau avec la joie de vivre. Peu importe qu'il soit *masculin* : vous vous rappelez quand je disais que les genres des choses du monde sont naturels, en nous ? Je me suis tellement habituée à porter mon prénom qu'il me semble parfois tout bonnement impossible qu'un *homme* puisse s'appeler Andrea en Italie !

Je, nous deux, nous. Le duel

Les yeux, les oreilles, les mains, les pieds.

Les frères, les amis, les alliés.

Les amants.

Du point de vue grammatical, le grec ancien comptait jusqu'à trois : un, deux, deux ou plus.

En plus des mêmes nombres que dans nos langues, servant à compter les choses et donc à mesurer la vie, le singulier *je* et le pluriel *nous*, le grec ancien possédait un troisième nombre : le duel, *nous deux*. Deux yeux, τὼ ὄμματε, deux mains, τὼ χεῖρε, deux frères, τὼ ἀδελφώ, deux chevaux, τὼ ἵππω. Et surtout, deux personnes, τὼ ἀνθρώπω.

Le duel n'exprimait pas une simple somme mathématique, *un plus un égale deux*. Pour les banals calculs de la vie quotidienne, il existait le pluriel, exactement comme aujourd'hui. Le duel exprimait en revanche une entité double, *un plus un égale un formé de deux choses ou de deux personnes* liées entre elles par une connexion intime. Le duel est le nombre du pacte, de l'accord, de l'entente. C'est le nombre du couple, par nature, ou de la mise en couple, par choix.

Le duel est à la fois le nombre de l'alliance et de l'exclusion. Deux, ce n'est pas seulement le couple. C'est aussi le contraire d'un : le contraire de la solitude. C'est comme s'il y avait un grand enclos : ceux qui sont à l'intérieur, au duel, savent bien qu'ils y sont. Ceux qui sont à l'extérieur en restent irrémédiablement exclus. À l'intérieur ou à l'extérieur.

Tout comme l'aspect, le duel aussi arrive au grec ancien depuis les greniers du sens linguistique indo-européen. Il s'agit par conséquent d'un nombre antique, pur. Une façon de donner sens au monde *par le nombre*. Le latin, d'où viennent nos langues romanes, céda tout de suite et ne conserve plus aucune trace du duel, pas même dans les tout premiers textes ; le duel se trouve en revanche en sanskrit, et aujourd'hui encore en lituanien et dans les langues slaves. Les langues sémitiques comportent aussi une forme de duel, y compris l'arabe moderne.

En grec ancien, le duel n'était pas une bizarrerie. Ce n'était pas un caprice *mathématique* de la langue ni de ses locuteurs. Ce nombre était délibérément adopté, que ce soit à chaque cas de la flexion nominale, ou à chaque personne de la flexion verbale, toutes les fois qu'étaient évoquées deux personnes ou deux choses unies : ce pouvait être une paire unie par nature, comme les yeux et les mains, ou bien réunies, ne serait-ce que de manière momentanée, comme les amants. Un nombre qui toutefois tend, depuis l'époque d'Homère, à osciller, à se confondre, à disparaître et à réapparaître selon l'utilisation – libre, très libre – qu'en font les auteurs. Pour les Grecs, le duel existe là où il est utile au sens, là où le locuteur en *ressent* la nécessité. Et cependant, les archaïsmes de l'indo-européen, vestiges d'une langue qui n'existe plus désormais, disparaissent tout de suite de la langue courante.

Le duel était un *mode de calcul* du monde, une façon de mesurer la nature des choses et les relations entre elles. C'était un nombre très concret. Très *humain*. Sensible, logique ou illogique selon les cas : c'est ainsi que va la vie. Le duel était le moins banal des nombres, difficile à classer, impossible à normaliser.

Quand la civilisation grecque devint plus complexe, les nombres de la langue, de concrets qu'ils étaient, se firent abstraits. Des nombres rigoureusement logiques. Mesurables sans oscillations, sans liens avec ce qui est réuni à présent mais ne le sera peut-être plus après. Des nombres *linguistiquement* mathématiques. La langue change lorsque changent ceux qui la parlent.

Dans la plus grande partie des colonies où le progrès a été plus rapide, et, comme c'est souvent le cas, linguistiquement précipité, le duel s'est perdu dès leur fondation. Sappho, sur l'île de Lesbos, ignore le duel, comme l'ignorent tous ceux qui parlent le dialecte ionien. Il se maintient en revanche en Grèce continentale, paysanne, liée à la terre, qui oublie donc plus difficilement, plus lentement.

Ce *mode de calcul* de la langue grecque se retrouve surtout dans le dialecte attique des Ve-IVe siècles avant J.-C. Platon utilise le duel sans crainte, de manière précise et avec régularité. Inversement, les poètes tragiques et comiques l'emploient de façon bizarre, incohérente (d'ailleurs, la différence entre tragédie et comédie est plus une question de vision du monde humain que de contenu). Thucydide l'évite, les oscillations du duel s'adaptent mal à la ligne droite du temps de l'histoire. Les orateurs l'utilisent, mais avec beaucoup de réserves : c'est un nombre trop peu conforme à la lucidité requise par la prose politique.

À l'avènement de la κοινή, le duel avait fini peu à peu par disparaître partout, sauf dans l'un ou l'autre patois rustique. Enfin, progressivement effacé, il tomba dans l'oubli linguistique.

La récupération du duel par les auteurs de l'époque impériale dits « atticisants » qui se piquèrent, des siècles plus tard, de ranimer le dialecte attique pur – vestige d'une langue qui, encore une fois, n'était plus la leur – ne fut qu'un jeu sans importance pour l'histoire du grec. Partout en Grèce, l'unité s'était désormais opposée à la pluralité. Un contre plusieurs. *Un plus un égale deux*, sans exception. Comme aujourd'hui.

Le manuel de grammaire grecque

La définition du duel citée page 113 est tirée de la page 42 de Γϱάμματα, la grammaire avec laquelle j'ai accompli, en entrant au lycée classique, mes premiers pas hésitants dans l'étude du grec. Paru aux éditions Cremonese en 1976, ce manuel de grammaire grecque est encore en usage aujourd'hui dans de nombreux lycées classiques.

Difficile de décrire mes premiers pas avec ce manuel comme une *promenade* de santé. Ce fut plutôt un parcours tout en montée, comme en témoigne le débris de livre qui m'a suivie à Livourne et jusqu'ici, à Sarajevo, déménagement après déménagement, diplôme après diplôme, vie après vie : la couverture déchirée, comme battue par la tempête, à force d'être glissé dans mon sac à dos et plus tard dans mon sac à main ; les pages rescapées couvertes d'annotations en tout genre, de traits de marqueurs de toutes les couleurs, des passages soulignés ou encerclés d'un geste désespéré, sans compter les noms des petits amis notés dans la marge d'une déclinaison, et le cri de douleur « je hais le grec ! » à côté des exceptions du parfait (simple moment de faiblesse, *ça va sans dire*[1], puisque j'ai été ensuite diplômée en lettres classiques, mention satisfaction et folie accréditée).

1. En français dans le texte. *(N.d.T.)*

Difficile de décrire Γράμματα comme un *beau livre*. Comme tous les manuels, il remplit sa tâche : il apprend à manœuvrer. À rester à flot et à ne pas couler. L'apparence graphique n'est pas des plus attrayantes – une série infinie de tableaux et de règles en noir et blanc – et il n'y a aucun espace pour le sens de la langue. Certes, c'est un guide clair, sans bavures, commode, dirais-je même, dans l'extrême rigueur qu'il impose à l'étude de la langue grecque ; je m'y réfère encore aujourd'hui lorsque j'ai un doute. En d'autres termes, je sais que tout ce qu'il y a à savoir en matière de grammaire se trouve là dans ses pages. Et puis le papier de Γράμματα, rugueux et simple, est magnifique, imprégné désormais du parfum de pensées mille et mille fois ressassées.

Pour la rédaction de ce livre, j'ai consulté aussi les dix grammaires les plus utilisées dans les lycées classiques de nos jours. Les titres sont différents, presque tous (vous vous rendez compte !) en alphabet latin et non plus grec, souvent accompagnés d'adjectifs comme « nouveau » ou « tout nouveau » et assortis de *compléments on line* aussi innovants que mystérieux. En réalité, presque rien n'a changé dans la méthode didactique du lycée depuis les temps de Γράμματα. Certes, on remarque (et c'est vraiment très apprécié) une plus grande attention portée à la civilisation grecque, « mais on n'a jamais le temps, parce que nous sommes en retard sur le programme », me répètent toujours mes élèves. Certes, la mise en page est plus moderne, plus colorée, plus *smart*. Mais la méthode d'enseignement a à peine évolué : ce sont des manuels, il faut donc toujours les manier avec régularité et beaucoup d'efforts. La sensibilité linguistique est presque toujours confiée à l'enseignant ou renvoyée à une date ultérieure (apparemment pas besoin de se presser, le grec ancien est d'ailleurs une langue morte depuis longtemps, très longtemps).

Athenaze, publié en 2009 par l'Académie *Vivarium Novum* (sous les auspices de l'Institut italien d'Études philologiques), mérite une mention spéciale ; il propose d'enseigner le grec par la *méthode naturelle* : pas à pas, sur le modèle de l'apprentissage de l'anglais à l'école primaire, à travers des petites histoires et des récits accompagnés de dessins et de vignettes illustrées. Les chapitres sont divisés en paragraphes qui racontent la vie du paysan Diceopoli et de sa famille, suivis d'exercices simples et de notes de grammaire. Le grec est donc enseigné comme une *langue vivante*, sans cette obsession singulière pour les règles de grammaire dont l'apprentissage, selon cette méthode, devrait se faire tout seul, à force de temps et de familiarisation.

La méthode d'*Athenaze* m'a toujours intéressée, car le grec ancien, donné pour mort depuis des millénaires, y est enseigné comme une langue vivante et en bonne santé. Les avis de mes élèves qui l'ont adoptée sont tout aussi intéressants : certains sont enthousiastes, d'autres s'y sentent égarés. Il est certain que le changement d'enseignant à la fin de l'année scolaire, comme cela arrive trop souvent dans l'école italienne, et donc le passage à une grammaire conventionnelle sont, pour les disciples de la méthode naturelle, une tragédie déconcertante qui n'a plus rien de naturel.

Ce fut une adolescente de Livourne, en deuxième année du lycée classique[1], à qui je donnais des cours de grec, qui me fournit l'une des définitions les plus originales du duel grec que j'aie jamais entendues : « Le duel, c'est ce truc qu'on n'a jamais dans les versions, donc, à peine étudié, on l'oublie tout de suite ; et puis, une fois, une seule fichue fois, on tombe dessus dans

1. La *quinta ginnasio* est la deuxième des cinq années qui constituent le cursus du lycée classique italien ; voir p. 17. *(N.d.T.)*

un devoir en classe et alors il nous le fait payer si cher qu'on ne l'oublie plus jamais. »

Oui, il faut bien l'admettre, on ne rencontre *presque* jamais le duel dans les versions scolaires.

J'ai bien dit *presque*.

Ce *presque* se mesure à l'aune du grec ionien-attique, le dialecte de Platon et de Périclès, que nous étudions à l'école. Et c'est précisément dans la langue d'Athènes, du Parthénon et de l'Acropole que le duel se conserve avec la plus grande cohérence et la plus grande fréquence.

De surcroît, la nature *entièrement linguistique* et non *mathématique* du duel contribue à ce *presque* : il ne suffit pas de trouver dans un texte la mention de deux choses ou de deux personnes pour qu'elles soient automatiquement exprimées au duel. Même dans un texte d'anatomie qui ne parle que d'oreilles, d'yeux, de mains et de pieds, l'utilisation du duel n'est jamais garantie : l'emploi de ce nombre dépend de la libre sensibilité linguistique de l'auteur.

Voici ma définition très personnelle du duel : *un plus un égale un formé de deux*, et non simplement « deux » ; le grec δύο, « deux », n'existe qu'au duel.

Le recours à ce nombre, les multiples oscillations et incertitudes qui l'ont accompagné au cours de son histoire linguistique et qui le condamnaient à une disparition inéluctable, dépendaient de la relation perçue par l'auteur entre deux entités. Voilà pourquoi peuvent apparaître au duel des parties du corps, des navires alliés qui fendent la mer vers le même ennemi, des chevaux qui tirent le même char de guerre, des frères jumeaux, des mariés, des soldats alliés, des divinités. Ou non.

Son utilisation dépendait de la connexion et du rapport que le locuteur soulignait ou non entre deux entités : c'est un nombre concret, disions-nous, un nombre *humain* et non *mathématique*. Un nombre pour donner un sens aux relations entre les choses et les personnes, si un tel sens existait. Un nombre non mesurable, jamais imposé par une quelconque *loi grammaticale* du grec ancien, mais toujours librement choisi par celui qui parlait et écrivait dans cette langue.

Qu'apprend-on, au lycée classique, du duel et de cette manière de donner un sens au monde *par le nombre* ? Une ligne. Dans tous les manuels scolaires que j'ai consultés et sur lesquels planchent – à cet instant précis, pendant que j'écris et pendant que vous lisez – les *millennials* du lycée classique pour apprendre une langue parlée il y a deux mille ans, on n'octroie au duel que la grâce d'une seule ligne, voire de la moitié d'une ligne. Une ligne placée à un endroit perdu de la page, juste avant les dizaines et les dizaines de tableaux servant à apprendre par cœur déclinaisons et conjugaisons.

La ligne en question ressemble presque toujours à ceci : « En grec, on distingue trois nombres : le singulier, le duel et le pluriel. Le duel sert à désigner des choses ou des personnes que l'on trouve par paires dans la nature ou que celui qui écrit considère comme un couple. » Et c'est tout.

C'est sans doute pour cela que l'existence d'un nombre au sens aussi précieux disparaît aussitôt de la mémoire des élèves et qu'il ne parvient presque jamais à effleurer leur sensibilité linguistique (nous autres, locuteurs italiens ou français*, sommes privés linguistiquement de ce sens d'une unité double).

Traduction : merci à l'unique version qui vous fera tomber sur le duel et vous fera payer cher son oubli, et au revoir (comme le disait ma jeune élève en s'excusant auprès de moi et de toute la grammaire grecque jusqu'aux Byzantins, comme si tout était de sa faute). Mais le jeu de l'oubli dû au peu d'attention accordé à la sensibilité linguistique dans l'apprentissage du grec est presque trop facile : un jeu d'amateurs, oserais-je dire, mais pas très amusant.

Paradoxalement, au lycée, sont étudiées avec constance les formes de duel de tous les substantifs et de tous les verbes, toujours rigoureusement déclinés et conjugués au singulier, au duel et au pluriel. Il y a deux désinences du nom au duel, une pour le nominatif, l'accusatif et le vocatif, l'autre pour le génitif et le datif : par exemple, pour la première déclinaison on a : τὼ μοῖρα, « les deux destins », τοῖν μοίραιν, « des deux destins/aux deux destins ». Il y a aussi deux désinences du verbe, la deuxième et la troisième personne du duel : par exemple, à l'indicatif στέλλετον, « vous envoyez tous les deux », στέλλετον, « ils envoient tous les deux ». Par conséquent, le duel est si facile à apprendre qu'il est encore plus facile à oublier. D'ordinaire, l'oubli survient à peine la page tournée. Affaire classée. Moi-même, durant les premières années du lycée, je me débrouillais un peu de mémoire, un peu à l'oreille, et je tentais un peu le sort en espérant ne jamais le rencontrer. Le fait est que, lorsque l'on tombe sur un texte grec où l'on trouve vraiment le sens du duel, on l'a déjà oublié depuis un bon bout de temps.

En écrivant ce chapitre, je me suis arrêtée plusieurs fois pour me demander pour quelle raison on peut bien apprendre à l'école le duel de chaque verbe et de chaque mot, alors que son utilisation est si rare, si ambiguë, si intime, aussi peu classifiable.

J'ai pris du temps pour réfléchir au sens du duel et pour le raconter ici (les manuels universitaires vont plus loin dans le privilège octroyé à cette catégorie grammaticale du grec ancien en lui concédant bien deux lignes d'explications au lieu d'une). Le duel semblait toujours m'échapper, aussi oscillant dans mon esprit qu'il oscillait dans les poèmes d'Homère. En réalité, je me suis rendu compte en écrivant que je n'avais jamais vraiment compris le duel. Je l'avais toujours évacué comme une forme rare, excentrique, illogique, qui échappait à toute normalisation et donc à toute réponse. Je l'avais toujours perçu comme une manière grammaticalement originale du grec ancien de compter jusqu'à trois : *singulier*, *duel* et *pluriel*. J'avais toujours pensé que si je le croisais dans un texte, les règles apprises m'auraient suffi à le déchiffrer et à lui donner un sens.

Surtout, j'avais toujours cru que les nombres grammaticaux en grec étaient *un*, *deux*, *trois ou plus*. Je me trompais. Je me trompais complètement.

Le duel n'a de sens que parce que le grec ancien ressentait le besoin d'exprimer linguistiquement quelque chose de plus qu'un *nombre mathématique*, quelque chose que nous avons perdu, occupés que nous étions à *faire linguistiquement les comptes* avec le boulier de la vie à la main : le sens des relations entre les choses et les personnes.

Après avoir finalement compris le sens libre et absolu de ce nombre, il n'a pas été difficile de comprendre pourquoi on étudie à l'école le duel de chaque mot grec.

On l'étudie *au cas où*. On l'étudie par précaution, par prévoyance, au cas heureux – ou malheureux – où un auteur choisirait d'exprimer au duel une relation entre deux yeux, deux bœufs, deux amis, deux îles, deux mers, deux amants, deux sœurs, deux vents : une relation entre n'importe quoi. En résumé, on étudie le duel à l'école au cas où on le rencontrerait par hasard, *casuellement*, pourrait-on dire.

Le résultat est que le sens du duel, un héritage de l'indo-européen parmi les plus archaïques, originaux et authentiques, échappe aujourd'hui à la plupart d'entre nous ; il survit dans une ligne de manuel qui pour nous ne veut plus rien dire. En linguistique, comme dans la communication contemporaine faite de slides, de SMS et de tweets, *c'est le principe d'économie qui gagne toujours* : si l'on a plusieurs formes pour une même signification, c'est toujours la plus simple, la plus rapide, la plus immédiate qui l'emporte. Et tant pis pour la banalisation linguistique : à ce rythme, je crains que dans dix ans nous n'ayons perdu l'usage de la parole et que nous ne nous exprimions plus que par émoticônes.

C'est sûrement ce qui s'est passé pour le duel du grec ancien : son sens de dualité a disparu, confondu avec le pluriel générique. Considéré comme inutile, il a été d'abord abandonné, puis oublié.

Ceux qui ont connu la rare grâce d'aimer vraiment sauront toujours distinguer la différence d'intensité et de respect qu'il y a entre penser « nous deux » et penser « nous » ; mais ils ne savent plus le dire. Pour le dire, en effet, il leur faudrait le duel du grec ancien.

Les cas, ou une anarchie ordonnée des mots

«Les tabous fracassés,
Et le louvoiement entre leurs frontières,
trempé de mondes, en chasse
de sens, de sens
en fuite.»

Paul CELAN, *Fadensonnen.*

«Fléchie», du latin *flectere*, «plier», «courber». Et donc, «changer de direction». C'est là le mécanisme des mots en grec ancien, langue dite fléchie ou flexionnelle. Des mots libres, à la signification en changement constant dans leur flexion, au sens en évolution continue d'un cas à l'autre de leur déclinaison.

Le cas des mots grecs n'a vraiment rien de *casuel*: c'est une catégorie syntaxique précise de la langue. Les cas sont les *différentes* formes que prend un même nom pour exprimer ses *différentes* fonctions au sein de la phrase. Voilà pourquoi le grec est une langue fléchie, le rôle syntaxique des mots est confié au changement, au fléchissement de leur dernière partie: la désinence.

Dans une fable d'Ésope, les marins laissent éclater

leur joie après avoir échappé à la tempête sans penser que la mer pourrait encore leur en réserver d'autres. Et le mot « tempête », ὁ χειμών, apparaît dans le texte sous des formes, c'est-à-dire des cas différents, précisément pour exprimer des fonctions différentes : le complément d'objet, τὸν χειμῶνα ; le génitif τοῦ χειμῶνος, dans une construction spécifique appelée *génitif absolu*. Voici le texte de la fable :

Ἐμβάντες τινὲς εἰς σκάφος ἔπλεον. Γενομένων δὲ αὐτῶν πελαγίων, συνέβη χειμῶνα ἐξαίσιον γενέσθαι καὶ τὴν ναῦν μικροῦ καταδύεσθαι. Τῶν δὲ πλεόντων ἕτερος περιρρηξάμενος τοὺς πατρῴους θεοὺς ἐπεκαλεῖτο μετ᾽ οἰμωγῆς καὶ στεναγμοῦ χαριστήρια ἀποδώσειν ἐπαγγελλόμενος, ἐὰν περισωθῶσι. Παυσαμένου δὲ τοῦ χειμῶνος καὶ πάλιν καινῆς γαληνῆς γενομένης, εἰς εὐωχίαν τραπέντες ὠρχοῦντό τε καὶ ἐσκίρτων, ἅτε δὴ ἐξ ἀπροσδοκήτου διαπεφευγότες κινδύνου. Καὶ στερρὸς ὁ κυβερνήτης ὑπάρχων ἔφη πρὸς αὐτούς· Ἀλλ᾽, ὦ φίλοι, οὕτως ἡμᾶς γεγηθέναι δεῖ ὡς πάλιν, ἐὰν τύχῃ, χειμῶνος γενησομένου. Ὁ λόγος διδάσκει μὴ σφόδρα ταῖς εὐτυχίαις ἐπαίρεσθαι τῆς τύχης τὸ εὐμετάβλητον ἐννοουμένους.

« Des gens, étant montés dans un bateau, prirent la mer. Quand ils furent au large, une violente tempête se déclara, et le vaisseau fut sur le point de sombrer. L'un des passagers, déchirant ses vêtements, invoquait les dieux de son pays avec larmes et gémissements et leur promettait des offrandes en action de grâces, s'ils sauvaient le vaisseau. Mais la tempête ayant cessé et le calme étant revenu, ils se mirent à faire bonne chère, à danser, à sauter, comme des gens qui viennent d'échapper à un danger inattendu. Alors le pilote, esprit solide, leur dit : "Mes amis, réjouissons-nous, mais comme des gens qui reverront peut-être la tempête." La fable enseigne qu'il ne faut pas trop s'enorgueillir de ses succès, et qu'il faut songer à l'inconstance de la fortune[1].» (Ésope, «Les navigateurs».)

Nos langues, en devenant *italien* ou *français** à partir du latin, une langue fléchie elle aussi, ont perdu la déclinaison d'origine des mots, qui s'est maintenue seulement dans certains cas, par exemple pour distinguer les fonctions syntaxiques des pronoms personnels : *je* et *tu* valent pour le sujet, *me* ou *te* pour le complément d'objet, *moi* ou *toi* pour le complément d'attribution, *à moi*, *à toi*. D'un autre côté, nos langues utilisent presque toujours des prépositions pour donner un sens aux mots au sein des phrases.

Pour cette raison, le système des cas et la prise de parti synthétique du grec, qui insère tout ce qu'il y a à dire d'un mot dans le changement de sa terminaison, peuvent nous sembler complexes, *ambigus*. Ils nous paraissent tels à nous qui, face à un mot grec, sommes toujours tenus de réfléchir, de penser à ce que veut *véritablement* dire ce mot à travers cette dernière et minuscule syllabe.

Et pourtant, le système des cas était avant tout un choix de simplicité et de clarté pour les Grecs, qui apercevaient, eux, dans cette ultime syllabe finale la fonction et le sens complet d'un mot au sein d'un discours.

N'est-il pas d'ailleurs tout aussi complexe et *ambigu* d'utiliser, comme nous le faisons, une *même*

---

1. Ésope, «Les navigateurs», in *Fables*, texte établi et traduit par E. Chambry, Paris, Les Belles Lettres (CUF), 1927. *(N.d.T.)*

préposition pour donner aux mots des significations syntaxiques *différentes* ? Considérons la même préposition *da* (apprise avec les autres par les enfants grâce à l'imbattable ritournelle *di-a-da-in-con-su-per-tra-fra*[1]) utilisée avec le même verbe, mais dans des phrases différentes :

- *arrivo da* Livorno (j'arrive **de** Livourne)
- *arrivo da* Carlo (j'arrive **chez** Carlo)
- *arrivo da* amica (j'arrive **en** amie)
- *arrivo da* una settimana (faticosa) (je sors **d'**une semaine [fatigante])
- *arrivo da* sola (j'arrive seule)

Dans ces phrases, le complément introduit par la préposition « *da* » peut indiquer que je viens d'un lieu (Livourne) ; ou que j'arrive pour rester auprès de quelqu'un (mon chien Carlo) ; ou bien que j'ai des intentions amicales, que je viens « en paix », en amie ; ou encore que je sors de journées intenses ; enfin que je suis seule, non accompagnée.

Par conséquent, si le système des cas en grec ancien est complexe et le sens des mots délicat, notre manière de communiquer, et parfois de ne pas nous comprendre, n'est-elle pas tout aussi complexe et délicate ? Comme toujours, tout est dans la sensibilité linguistique de celui qui a recours à *sa* propre langue pour communiquer *son* monde.

1. Équivalent de notre phrase mnémotechnique « Adam part pour Anvers avec deux cents sous » (à, dans, par, pour, en, vers, avec, de, sans, sous). *(N.d.T.)*

Le grec est une langue synthétique: la valeur des mots réside (presque) entièrement dans leur partie finale, le cas auquel ils sont, et c'est limpide pour les Grecs si synthétiques.

Nos langues sont largement analytiques: la valeur des mots dépend des prépositions, des adverbes et des verbes auxiliaires, c'est limpide pour nous qui sommes des *analyseurs de sens*, des professionnels de l'analyse logique (nous pouvons du moins l'espérer).

Toutes les langues du monde

Depuis que les descendants de Noé, à en croire l'Ancien Testament, voulurent défier le ciel en construisant la tour de Babel et qu'ils en furent punis, on estime à environ 4500 les langues différentes parlées aujourd'hui dans le monde, un nombre qui atteint bien 20000 si l'on tient compte des langues de statut particulier ou disparues: pour résumer, le désastre linguistique survenu à Babylone fut vraiment un sacré événement.

En ce qui concerne leur typologie, on distingue les langues flexionnelles (ou fléchies), où le sens des mots réside dans leur mutation finale: le grec, l'allemand, le latin avec *lupus* (le loup), sujet, *luporum* (des loups), complément de nom.

Il y a ensuite les langues agglutinantes, où la racine du mot en exprime le sens de *base* et une série de particules viennent le modifier, comme le hongrois et le turc. Voici le mot aztèque *nokalimes*, «mes maisons», qui est formé de *no* (mes) + *kali* (maison) + *mes* (pluriel).

Aux antipodes de la synthèse, il y a les langues isolantes, où chaque mot est invariable et a un sens autonome: sa valeur dépend exclusivement de sa place précise dans la phrase. Par exemple, en chinois, on a *wǒ ài tā, dànshì tā bù ài wǒ*, c'est-à-dire « je aime elle mais elle pas aimer je », que l'on peut traduire par « je l'aime, mais elle ne me rend pas mon amour ».

Il existe enfin les langues incorporantes (ou polysynthétiques) où la phrase est contenue tout entière dans un seul mot très long, comme en eskimo *angyaghllangyugtuq* : « Il veut acheter une grande barque » ; et – qui sait ? – cela leur permet peut-être d'échapper à d'innombrables malentendus.

La flexion des mots et le système des cas en grec dérivent de l'indo-européen, une langue non seulement fléchie et synthétique, mais aussi de nature agglutinante. Du latin *ad* et *gluten*, « colle », c'est-à-dire coller, unir, lier. Donc « attacher quelque chose à quelque chose d'autre ».

L'indo-européen était une langue complexe, synthétique à en remplir les mots, à en saturer le sens. Non seulement la fonction syntaxique des mots était confiée aux cas, mais les mots eux-mêmes étaient formés en reliant entre eux des préfixes, des suffixes et d'autres mots encore. Une caractéristique conservée par le grec ancien dans son utilisation de prépositions devant les mots, susceptibles d'en faire varier le sens, et parfois beaucoup, comme par exemple ἀπό, de, ἐν, dans, ἐπί, contre/vers, πρό, avant/devant, περί, autour.

L'indo-européen ne possédait pas moins de huit cas, c'est-à-dire huit formes différentes d'un même mot pour exprimer des fonctions différentes : le nominatif, le vocatif, l'accusatif, le génitif, le datif, le locatif, l'instrumental, l'ablatif. La plupart avaient une valeur logique : le nominatif indiquait le sujet de la phrase ; le génitif, le complément de nom ; le datif, le complément d'attribution, et ainsi de suite. Trois cas avaient en revanche une valeur purement concrète : le locatif indiquait le lieu où l'on était, l'ablatif le lieu d'où l'on venait et l'instrumental le moyen par lequel on réalisait quelque chose.

Au cours de leur histoire, toutes les langues indo-européennes ont réduit le nombre de leurs cas. Cependant, aucune langue n'a choisi de réduire, de *synthétiser* autant que le grec : des langues plus tardives comme les langues slaves, l'arménien antique et moderne, ont choisi d'en conserver davantage. Le latin possède encore six cas.

Le phénomène par lequel un cas disparaît et ses fonctions se transfèrent à un autre est appelé *syncrétisme*. En grec, l'ablatif a fusionné avec le génitif, tandis que le locatif et l'instrumental ont conflué vers le datif. Aucun peuple n'a donc fait autant que les Grecs le choix de la synthèse pour indiquer la fonction syntaxique des mots : le grec ancien ne possède que cinq cas. Les voici :

• **Le nominatif**, ὀνομαστικὴ πτῶσις, est le cas qui sert à donner un nom aux choses. Sa définition grecque indique déjà que le nominatif est le cas de l'*appellation*, de la dénomination. Il sert donc à désigner des concepts abstraits ou concrets, des objets, des personnes, des mots : ἡ μοῖρα signifie « le destin », ὁ καρπός, « le fruit ». Sa fonction la plus importante est d'exprimer le sujet de la phrase, c'est-à-dire l'élément qui accomplit ou subit l'action exprimée par le verbe.

• **Le génitif**, γενικὴ πτῶσις, est le cas qui sert à distinguer les choses. Il désigne précisément la détermination, grâce au *de* devant le nom qui le définit, qui établit des frontières et des barrières pour en délimiter le sens. C'est pourquoi il est le cas de la possession, de la *délimitation*, de la *partition*. En italien et en français*, il est rendu le plus souvent par le complément de nom, τὸ θέατρον τῆς κώμης, « le théâtre du village ».

En grec, le génitif a aussi une valeur partitive fréquemment utilisée pour exprimer l'idée d'une partie d'un tout plus vaste et plus grand, ou bien le milieu restreint auquel on se réfère, en faisant acte de séparation et de choix : πολλοὶ τῶν ἡγεμόνων, « beaucoup parmi les chefs ».

Ce cas peut en outre exprimer une valeur d'*appartenance* (ἡ ἀγορὰ τῶν Ἀθηναίων, « l'agora des Athéniens ») ; de *pertinence* (ἔστι τοῦ πολίτου, « c'est le devoir du citoyen ») ; de *qualité* ou de *matière* (ἡ κόμη χρυσοῦ, « la chevelure d'or »).

Le génitif peut encore marquer l'*estimation*, la *valeur* et le *prix* (ἡ ἀξία τῆς μιᾶς δραχμῆς, « la valeur d'une drachme »), la *mesure* (ἡ ὁδὸς τεττάρων σταδίων, « la route est longue de quatre stades ») ou désigner l'*origine* (ὁ ἄνθρωπος τῆς γενεῆς, « l'homme issu de la lignée »).

À toutes ces fonctions du génitif *à proprement parler* s'ajoutent celles héritées de l'ablatif indo-européen : c'est-à-dire de manière générale, le concept de *dérivation* ou de *provenance*. Par conséquent, sont aussi exprimés au génitif en grec le mouvement depuis un lieu, le complément d'agent et le complément de propos, précédés de prépositions spécifiques.

• **Le datif**, δοτικὴ πτῶσις, est le cas qui sert à indiquer *où* vont les choses.

Il indique précisément le destinataire de l'action exprimée par le verbe, celui vers lequel on va ou sur lequel on tombe. Sa valeur originale, d'où il tire son nom, est liée à l'idée de *donner* et exprime, par extension, à l'égard de qui ou de quoi une action est accomplie. En italien et en français*, il est rendu par le complément d'attribution : τῇ στρατιᾷ, « à l'armée ».

À ces valeurs syntaxiques propres au datif s'ajoutent celles du locatif et de l'instrumental indo-européens, deux cas extrêmement concrets.

En conséquence, s'expriment au datif, par le biais de prépositions, également le *lieu dans lequel on est* (τῇ νήσῳ, « sur l'île »), *le temps déterminé* (τῇ ἡμέρᾳ, « de jour »), mais aussi le *moyen*, la *manière*, la *compagnie* et la *cause efficiente*.

Enfin, le grec prévoit avec ce cas une construction bien particulière appelée *datif de possession* : où l'on a le verbe *être* et la personne qui possède au datif (qui devient le sujet dans la traduction dans notre langue). Cette forme est présente aussi en latin où elle est appelée *sum pro habeo*, littéralement « je suis à la place de j'ai ».

Nous avons donc en grec εἴσιν μοι δύο παῖδες, « deux enfants sont à moi », au datif, soit dans la traduction : « j'ai deux enfants ».

• **L'accusatif**, αἰτιατικὴ πτῶσις, est le cas qui sert à indiquer le *voyage* des choses vers leur destination.

De manière symétrique au nominatif qui exprime le sujet, l'accusatif exprime précisément le complément d'objet, en complétant le sens de la phrase et en répondant aux questions « qui ? », « quoi ? » : τὴν ναῦν, « le bateau ».

En grec, sa valeur originale désigne un mouvement vers l'avant, vers un lieu, un but, un temps, une personne.

Par conséquent sont exprimées à l'accusatif les idées de *mouvement vers un lieu* (τὰς Δελφιάς, « vers Delphes »), de *temps continu* (τὴν νύκτα, « durant la nuit »), de *lieu où l'on passe* (τὴν ἀτραπόν, « le long du sentier »).

• **Le vocatif**, κλητικὴ πτῶσις, est le cas employé pour attirer l'*attention* des choses, en les apostrophant. Souvent précédé de l'exclamation ὦ, « ô », le vocatif prend directement à partie, par la voix et les mots, une personne ou une entité pour une requête, une prière, une question, une réponse, un ordre, une affirmation ; ou même seulement pour appeler quelqu'un avec tendresse comme lorsqu'un enfant dit ὦ μῆτερ, « maman ! ».

L'ordre dans lequel une langue prévoit la disposition syntaxique des mots au sein d'une phrase est appelé de l'expression latine *ordo verborum* : l'ordre des mots.

Le système des cas en grec ancien, capable d'indiquer sans flou la fonction précise des mots, offre un spectacle formidable[1] : l'ordre des mots dans la phrase n'a pas de valeur logique précise, comme c'est le cas en italien ou en français*, mais il a une valeur uniquement expressive, et donc tout à fait personnelle. En grec, l'ordre des mots est libre, absolu, affranchi de toute contrainte syntaxique. Certes, les mots accessoires se placent *presque* toujours après le mot principal et les mots liés entre eux par le sens se trouvent *presque* toujours voisins. Mais d'un autre côté, certains mots

1. *Formidable*, du latin *formido*, « crainte », « épouvante », est l'un de mes mots préférés. À l'instar d'autres mots très particuliers, il est à proprement parler une *vox media*, c'est-à-dire un mot qui perd son sens d'origine pour se polariser autour de deux significations, toutes deux correctes, mais de sens opposé : *bon / mauvais, positif / négatif*. C'est ensuite à celui qui parle la langue, ou au traducteur, de choisir la signification juste de la *vox media* : une lourde responsabilité que nous laisse le langage. C'est ainsi que *formidable* peut désigner quelque chose de terrible à faire peur, ou de terriblement beau. Tout un frisson, en somme, ce mot.

De même, en latin *fortuna*, « le hasard », peut indiquer la bonne fortune comme le mauvais sort ; *tempestas*, « la tempête », peut se référer au temps atmosphérique en général ou à une violente bourrasque ; et l'on appelle *monstrum*, « le monstre », n'importe quelle chose, belle ou laide, qui provoque une stupeur telle qu'elle nous laisse bouche bée.

En grec ancien, on a par exemple les *voces mediae* suivantes : ὁ αἴτιος, « le responsable » d'une situation positive ou négative, qui peut aller jusqu'à désigner le « coupable » ; ὁ κίνδυνος qui est « l'événement fortuit », « l'aventure », mais surtout (pour les plus pleutres face à l'avenir), « le danger » ; le verbe πάσχειν, qui indique le fait d'« hériter quelque chose du sort », peut signifier « jouir » aussi bien que « souffrir » ; enfin le mot ἡ ἐλπίς, « l'attente », qui oscille entre « espoir » et « angoisse », comme chacun de nous l'a appris, à ses dépens, dans les affres de l'attente.

liés entre eux par le sens se trouvent parfois dissociés, *éloignés* dans le texte, par la volonté qu'a celui qui écrit de produire des effets particuliers d'expression.

Il existe donc en général en grec ancien des manières plus ou moins récurrentes, *prévisibles*, de regrouper les mots de cas différents au sein de la phrase. Mais le grec n'a jamais imposé à ses locuteurs une solution unique, obligatoire pour aligner les mots, en écartant toutes les autres.

Surtout, il n'arrive jamais qu'un ordre déterminé des mots serve à exprimer une fonction syntaxique : chaque mot grec que nous lisons aujourd'hui dans les textes se trouve précisément *là* – et non ailleurs – par la volonté d'expression spécifique de celui qui écrit. Une volonté par conséquent entièrement individuelle et un choix entièrement irremplaçable. Et cela est bel et bien dû à l'usage singulier que fait le grec de son système des cas. Une anarchie organisée des mots. Une liberté sans égale du sens de l'expression, dissocié de toute fonction strictement syntaxique ou logique. Dans aucune autre langue fléchie – ni en latin, ni en sanskrit – l'ordre des mots n'est aussi libre et donc aussi *personnel* qu'en grec ancien. Grâce à cette liberté exceptionnelle, la littérature grecque a gagné cette agilité et cette *intensité dramatique* – une intensité de vie, de sincérité – qui nous séduisent tant (ou qui nous mettent tant au supplice) lorsque nous lisons les œuvres des grands auteurs. Pensons par exemple à la densité d'un dialogue platonicien, à la tension du chœur dans une tragédie de Sophocle, à la douleur de l'amour contenu dans un vers de Sappho.

Faisons la synthèse : le grec ancien, une langue aux

cas multiples et aux mille anomalies, a conservé l'essence la plus intime de l'indo-européen, une flexion des mots si riche et porteuse de sens qu'elle permet à chaque mot d'être autonome, *où qu'il se trouve*, dans la phrase. En grec, la liberté est absolue et c'est pourquoi chaque mot mis à côté d'un autre a une valeur expressive, stylistique : *parlante*. Parce que l'ordre dans lequel les mots déclinés au cas concerné sont disposés dans la phrase est aussi un moyen pour la langue de nous parler, de nous dire *quelque chose* ; à nous qui, en italien ou en français*, sommes tenus d'écrire, de parler et donc de penser en respectant un *ordo verborum* précis, rigide, mais fondamental pour *comprendre et nous faire comprendre.*

Notre langue a certes perdu les désinences des cas, mais non les cas, c'est-à-dire les rôles syntaxiques des mots au sein d'une phrase. Dans l'énoncé « le libraire loue le garçon », « le libraire » est le sujet, « loue » est le verbe, et « le garçon » est le complément d'objet. Si la phrase était en revanche « le garçon loue le libraire », « le garçon » serait le sujet, « loue » resterait le verbe et « le libraire » deviendrait le complément d'objet.

Si l'on voulait exprimer la même phrase en grec, « le libraire loue le garçon », c'est précisément grâce au système des cas que les rapports syntaxiques entre sujet et objet resteraient inchangés : les mots pourraient être dans l'ordre suivant ὁ βιβλιοπώλης ἐπαινεῖ τὸν νεανίαν ou bien ἐπαινεῖ τὸν νεανίαν ὁ βιβλιοπώλης, ou encore τὸν νεανίαν ὁ βιβλιοπώλης ἐπαινεῖ, sans que le sens de l'énoncé change d'un iota. C'est parce qu'en grec, les fonctions syntaxiques de sujet et de complément d'objet sont exprimées par les désinences des cas *nominatif* et *accusatif*, indépendamment de la position des mots au sein de la phrase.

Pour comprendre le mécanisme de la langue grecque (en espérant ne pas compliquer les choses, les mathématiques n'étant pas le point fort du lycée classique), nous pourrions emprunter aux mathématiques leur *loi commutative*. De même que dans une addition ou une multiplication, le résultat ne change pas lorsque l'on change l'ordre des facteurs (2 + 3 = 5 ou 3 + 2 = 5 !), de même, dans la phrase grecque, lorsque l'on change l'ordre des mots, le résultat, c'est-à-dire le sens, ne change pas.

Dans nos langues en revanche, il en va autrement : la fonction des mots est exprimée par la syntaxe, c'est-à-dire par la position par rapport au verbe ; l'ordre des mots ne peut être modifié sans modifier tout le sens de la phrase. Essayons maintenant d'aller plus loin en ajoutant un nouvel élément à notre phrase. Disons par exemple que « le libraire loue la sagesse du garçon ». Dans ce cas, « la sagesse » est le complément d'objet, tandis que « du garçon » est le complément de nom, en plus du verbe « loue » et du sujet « le libraire ». Encore une fois, dans une phrase italienne ou française*, le sens est donné uniquement par l'ordre des mots : « la sagesse » est celle « du garçon ». Prenons une phrase au sens un peu plus ambigu comme « j'ai laissé la veste à la maison de Lorenzo » : en changeant l'ordre des mots, le complément de nom « de Lorenzo » pourrait se rapporter à « la veste » ou à « la maison » selon l'intention du locuteur.

En fin de compte, le sens de l'énoncé italien ou

français* dépend entièrement de la syntaxe et de la continuité des mots placés à côté de l'un ou de l'autre.

En grec ancien, la phrase « le libraire loue la sagesse du garçon », parmi une foule de façons aussi nombreuses que libres, pourrait se dire ὁ βιβλιοπώλης τὴν τοῦ νεανίου σωφροσύνην ἐπαινεῖ. Le verbe se trouve ainsi à la fin de l'énoncé, le sujet au début, le complément d'objet au centre et le complément de nom τοῦ νεανίου, « du garçon », véritablement à *l'intérieur* du mot auquel il se rapporte (τὴν σωφροσύνην, « la sagesse »). C'est ce que l'on peut appeler la *construction en pont* des mots grecs, qu'il est très utile d'avoir en tête pour s'orienter dans la traduction : ce qui est au milieu se rapporte à ce qui est sur les côtés, créant précisément, avec les articles et les désinences, une liaison interne comparable à un *pont de sens*.

Un soir d'hiver, à l'orée du printemps, j'étais dans un café de Milan en compagnie d'un ami très cher, un véritable maître (non de grec, mais de vie). Les circonstances étaient parfaitement heureuses : nous trinquions avec force champagne à tous les succès de nos vies respectives. Lorsque je lui parlai de ce livre, il pâlit. Au seul mot « grec », mon ami perdit d'un seul coup sa bonne humeur, envahi par un sentiment de culpabilité et le besoin irrépressible de me confesser avoir séché une interrogation sur la troisième déclinaison au lycée, *trente ans* auparavant, ce qui, dans l'esprit d'un ex-classiciste, par une sorte d'étrange ellipse temporelle, correspond à *la veille*. Il me raconta alors, penaud et la tête baissée, pire qu'un déserteur en temps de guerre, avoir réussi à échapper au contrôle tant redouté sur les cas, en se faisant porter pâle pendant une année entière. À la fin, après un étrange marchandage – une pratique bien connue de ceux qui ont fréquenté le lycée classique – à coups de suppliques, de prières, de vœux pieux et de promesses faites à l'enseignant, il réussit à passer en classe supérieure sans être pénalisé.

Naturellement, je consolai mon ami et je l'arrachai à la sombre contemplation de ses cadavres dans le placard – ou plutôt sous les bancs du lycée – en lui proposant encore un peu de champagne; et le souvenir déchirant de l'interrogation manquée s'interrompit là. Mais le matin suivant, peu après l'aube, je reçus ce message: « Andrea, j'ai fait des cauchemars toute la nuit. En fait, moi, toute cette histoire de cas des mots grecs, je ne l'ai jamais vraiment bien comprise. »

Le tabou linguistique

Il y a d'ailleurs des mots que l'on ne peut vraiment pas dire, et rien à voir avec des devoirs en classe séchés sous mille prétextes: il s'agit de ce que l'on appelle les tabous linguistiques.

« Tabou » (plus exactement *tabu*, sans le « o ») est un mot polynésien qui indique tout ce qui est sacré, et donc interdit. Dans l'usage commun, ce terme se réfère à toutes les sphères de l'existence humaine qui font l'objet d'interdictions (de *faire*, mais aussi de *dire*).

On entend donc par tabou linguistique l'interdiction de prononcer les mots relatifs à des objets ou à des personnages interdits, autrement dits « tabouisés ». Cela peut être des noms d'animaux, de plantes, des comportements et des actions qui, dans une civilisation donnée, sont chargés d'une valeur sacrée, d'une crainte respectueuse, d'un profond embarras – et, plus généralement, d'une grande peur irrationnelle – et que l'on ne peut pas mentionner dans le discours. Ces mots sont donc remplacés par d'autres, par le biais d'*euphémismes* (du grec εὐφημέω, « prononcer des mots de bon augure », donc « éviter les mots de mauvais augure »), ou par des périphrases (du grec περιφράζω, « dire en faisant un détour avec les mots »).

Étant donné leur nature entièrement sociale, les tabous linguistiques changent d'une civilisation à l'autre, et selon les époques historiques : on peut penser, par exemple, à tous les mots relatifs à la sexualité humaine, imprononçables jusqu'à il y a un demi-siècle.

D'autres exemples ? En arabe, la lèpre est appelée la « maladie bénie » et l'aveugle est un « homme à la vue perçante ». En latin, le lit de mort est appelé *lectus vitalis*, le « lit de vie ».

L'histoire de certains mots qui ont fait l'objet de tabous linguistiques est vraiment curieuse.

La ville de Bénévent, en Irpinia, s'appelait à l'origine *Maleventum*, « vent mauvais », à cause des courants : lorsque les Romains en firent la conquête en 268 avant J.-C., ils en changèrent le nom en *Beneventum*, pour que ce ne soit pas de mauvais augure.

Le vent de bonace se disait en latin *malacia*, qui vient du grec ἡ μαλακία, « vent calme, doux ». Cependant, une fois la sensibilité linguistique perdue, on a cru que *malacia* venait de *malus*, « mauvais », et avec la superstition typique des marins, le vent est alors devenu *bonus*, « bon » : de là, la *bonace* qui souffle favorablement sur la mer de toutes les langues romanes.

Enfin, chez certains peuples, il y a des mots qui ne peuvent absolument pas être prononcés, en aucun cas : chez les Inuits du

Groenland, il ne faut pas prononcer le nom des glaciers ; chez les aborigènes d'Australie, c'est le prénom des défunts ; jusqu'à l'interdiction ne serait-ce que d'écrire le nom de l'empereur en Chine, remplacé par des caractères de substitution.

L'un des mots les plus curieux est celui qui désigne l'ours dans les langues germaniques et slaves : l'animal était si terrible pour ces peuples que l'on ne pouvait même pas le prononcer de crainte qu'il ne surgisse de la forêt en s'entendant *nommé*, c'est-à-dire *appelé par son nom*. Par conséquent, « ours » se dit en allemand *Bär* et en anglais *bear* : les deux mots signifient « le gris » en référence au pelage de l'animal indicible. Dans les langues slaves, comme le russe, « ours » se dit *medved*, ce qui signifie littéralement « mangeur de miel », dans l'espoir qu'il soit végétarien et qu'il ne croque pas les humains.

Et que dire de l'emploi dans nos langues d'expressions très *politiquement correctes* comme les « tailles confortables » ou « grandes tailles », les « plans de restructuration » (au lieu de parler de licenciements), et même les « dommages collatéraux » pour faire semblant de ne pas voir et donc de ne pas *dire* le décès de civils pendant les opérations de guerre ?

Vu l'impossibilité d'établir une correspondance automatique entre un cas et un sens, il est naturel, tout à fait naturel et humain, que tous éprouvent de l'incertitude et de la confusion face au système des cas grecs : c'est l'égarement ressenti lorsque l'on n'est pas certain d'avoir *vraiment bien* compris. C'est naturel parce que le grec n'est pas notre langue et ne le sera jamais. Nous, italianophones ou francophones*, *nous percevons et nous disons le monde* d'une manière différente des Grecs et c'est pourquoi nous serons toujours obligés de réfléchir, de penser, en passant de leur langue à la nôtre.

En enseignant le grec, je me suis d'abord rendu compte de l'immensité de ce qui nous échappe, avant même de commencer, ou de ce que nous avons oublié de notre propre langue. Une connaissance imbattable de la grammaire, de l'analyse logique et de la phrase en italien ou en français* est fondamentale pour apprendre non seulement le grec, mais n'importe quelle autre langue. Comment pourrions-nous en effet comprendre en grec, par exemple, un complément de cause efficiente, un verbe au subjonctif ou une proposition finale, si nous ne savons même pas à quoi correspondent ces fonctions syntaxiques dans notre langue ? Et pourtant il arrive bien souvent que nous ne connaissions même pas notre langue, alors inutile de parler d'une autre, qu'elle soit *morte* ou *vivante*. Combien de fois me suis-je surprise à dire durant toutes ces années en tant qu'helléniste : « Mais je ne sais même pas ce que ça veut dire en italien ! »

D'ailleurs, l'étude d'une langue aussi synthétique que le grec – une langue qui parvient à dire *autant* avec *aussi peu* – demande une connaissance de la morphologie, de la grammaire et de la syntaxe de sa propre langue qui n'est pas du tout évidente pour un jeune de quatorze ans (et pas plus pour ceux qui en ont vingt, trente ou quarante). Pour affronter, ou plutôt défier le système des cas grecs, il est donc indispensable d'avoir un bon manuel de notre langue maternelle à portée de main, bien plus qu'un dictionnaire de grec où, si l'on ne sait pas déjà par avance ce que l'on cherche, on finit par ne rien trouver du tout. Comme rien, absolument rien ne pourra nous éviter l'effort de faire marcher notre raison lorsqu'il s'agit de grec ancien, voici quelques indications utiles pour manier le système des cas.

Il est tout d'abord important de tenir compte de la nature sémantique des mots, c'est-à-dire de ce qu'ils veulent réellement dire, en allant chercher, à l'intuition, le sens juste. Par exemple, il est probable que dans un contexte de guerre, on parle de soldats, de stratèges, de camps et de tactiques militaires ; en revanche, dans un texte qui parle de mer, nous trouverons des mots comme proue, poupe, rameurs, ou voiles ouvertes au vent.

Pour comprendre le grec et son système des cas, il ne faut jamais se déconcentrer. Ne jamais perdre de vue un seul de ses mots.

L'article et sa position par rapport au nom auquel il se rapporte sont les meilleurs alliés pour débroussailler le système des cas grecs et l'ordre libre des mots ; à la différence du latin qui ne possède pas d'articles pour aider le traducteur à s'orienter (au temps pour ceux qui prétendent que c'est une langue plus *facile* que le grec).

Les pronoms aussi, c'est-à-dire *ces mots qui sont mis à la place du nom*, sont de fidèles compagnons de route vers le sens général de la phrase, parce qu'ils doivent bien se rapporter à quelqu'un ou à quelque chose.

Il est probable ensuite qu'un verbe de mouvement est accompagné de l'indication d'un lieu : celui-ci est au génitif s'il s'agit d'un mouvement depuis un lieu (d'Athènes), au datif s'il s'agit du lieu où l'on est (dans/à Athènes) ou à l'accusatif s'il s'agit d'un mouvement vers un lieu (vers Athènes).

Enfin, en cas de doute ou d'incertitude, pas besoin

d'être des philologues distingués. Le grec est déjà en train de nous parler, bien que ce soit à sa manière. Quand on ne sait pas à quel complément recourir dans la traduction, il suffit de se souvenir de l'idée qui est au fondement de chaque cas, et, à partir de là, de mesurer à chaque fois sa nature appliquée au mot à traduire et à nous approprier. Le *nominatif* est toujours le cas du dire, du sujet ; le *génitif* indique l'idée de mouvement initial, un générique et multiforme « de » ; le *datif* exprime l'idée de donner, la préposition « à », ou l'être « dans » ; *l'accusatif* est le doigt pointé vers l'objet dont on est en train de parler. Comme me l'a dit en riant une amie, helléniste elle aussi : « Je voudrais un monde un peu plus au datif et moins à l'accusatif ! »

Les couleurs des Grecs

« À quel point les Grecs voyaient autrement que nous leur nature, s'il leur manquait, comme il faut l'admettre, le sens du bleu et du vert, et qu'en place du premier, ils voyaient un brun plus profond, et du second, un jaune (s'ils désignaient par exemple du même terme la couleur des cheveux foncés, celle du bleuet et celle des mers méridionales, avec le même terme encore la couleur des plantes les plus vertes et de la peau humaine, du miel, et celle de la résine jaune – si bien que leurs plus grands peintres n'ont rendu leur monde qu'avec le noir, le blanc, le rouge et le jaune) ; combien la nature devait leur sembler différente et beaucoup plus proche de l'homme, du fait qu'à leurs yeux les couleurs de l'homme étaient également prévalentes dans la nature et que celle-ci baignait en quelque sorte dans l'éther chromatique de l'humanité » : telle est la réflexion de Friedrich Nietzsche dans l'aphorisme 426 d'*Aurore*, sur l'*étrangeté* chromatique des Grecs de l'Antiquité[1].

Goethe, dans sa *Théorie des couleurs*, avait déjà observé que le lexique grec de la couleur est *extraordinaire*, c'est-à-dire loin de toute norme, tant il est différent du nôtre, tout comme leur langue était différente de la nôtre. Des associations chromatiques si inédites qu'elles ont conduit certains érudits du XVIIIe et du XIXe siècle à prétendre que les Grecs ne *voyaient* pas les couleurs. Ils les voyaient bien – et comment ! –, c'est simplement qu'ils les exprimaient autrement : pas de doute, les yeux des hommes sont et resteront toujours les mêmes.

Les couleurs étaient avant tout pour les Grecs *vie* et *lumière* : une expérience entièrement *humaine* et non physique, *optique*, et qui n'a rien à voir avec le spectre chromatique du prisme tel que l'a théorisé Isaac Newton.

Homère, dans l'*Iliade* et l'*Odyssée*, ne mentionne que quatre couleurs : le blanc du lait, le rouge pourpre du sang, le noir de la mer, le jaune-vert du miel et des champs.

Noir, μέλας, et blanc, λευκός, désignaient l'obscurité et la lumière (le mot latin *lux*, « lumière », a la même étymologie que la couleur grecque). Et, selon les Grecs, c'est précisément du mélange de la lumière et de l'ombre que se formaient les couleurs.

Le grec ξανθός désigne une couleur qui va du jaune au rouge et au vert : vert-de-gris, pourrions-nous peut-être dire. Sa teinte est celle, chaude, du grain mûr ; mais aussi des cheveux tout blonds des héros homériques ; jusqu'à la lumière rougeâtre

1. Friedrich Nietzsche, *Aurore. Pensées sur les préjugés moraux*, traduction par E. Blondel, O. Hanson-Love, T. Leydenbach, Paris, Garnier-Flammarion, 2012. *(N.d.T.)*

du feu ardent qui illumine la nuit, ou du soleil, orange et rond, à son coucher.

L'adjectif πορφύρεος signifie «agité», «en mouvement continu», «bouillonnant», et va jusqu'à désigner la couleur *pourpre* qui, du rouge sang, confine au bleu; πορφυρεύς signifie le «pêcheur de pourpre», car les teintures provenaient d'une substance extraite de certains coquillages, élaborée ensuite par la main d'habiles teinturiers.

La couleur κυάνεος, *cyan*, désigne une couleur bleue si générale qu'elle vagabonde depuis le bleu azur jusqu'au rouge sombre et au noir de la mort.

Il y a aussi ma couleur grecque préférée, γλαυκός, glauque, qui signifie d'abord «brillant», «luisant», «débordant de lumière», précisément pour définir la mer qui ruisselle de lumière. Les yeux d'Athéna sont glauques, «clairs comme ceux de la chouette», de couleur céruléenne, azur ou gris-azur.

William Gladstone (1809-1898), illustre homérisant et homme politique anglais, fut l'un des premiers à insister sur l'impression *lumineuse* des couleurs grecques. Aux siècles précédents, certains ayant en effet remarqué les mêmes bizarreries linguistiques dans la définition des couleurs chez d'autres peuples et jusque dans la Bible, un fervent débat académique avait éclaté sur la possibilité que les Anciens aient pu avoir une capacité physiologique de perception – au niveau de la rétine elle-même – inférieure à celle de nos yeux, au point que l'on parlait de la *cécité des Grecs.*

Les théories de Darwin d'abord, et les études de physiologie et de médecine ensuite, démontrèrent irréfutablement le contraire: les Grecs voyaient la mer, les champs, le ciel, les paysages de la même couleur que nous les voyons aujourd'hui – ou peut-être d'une couleur plus belle encore, parce qu'ils ressentaient le besoin de l'exprimer d'une autre manière, une manière personnelle.

En définitive, les Grecs de l'Antiquité donnaient à chaque couleur une autre signification, un sens de *luminosité*, de *gradation de clarté*. Ils voyaient la lumière et ils en *coloraient* l'intensité : ainsi, le ciel est d'airain, vaste et étoilé, jamais simplement bleu, et les yeux sont glauques, scintillants, jamais simplement azur ou gris.

Toutes les langues indo-européennes, déboussolées, une fois égarés le sens et les mots de la civilisation dont elles ont été la voix, ont réduit le système des cas jusqu'à le supprimer.

Depuis l'époque de la κοινή, le système de la flexion grecque a subi un processus de simplification et de réduction des cas de la part des locuteurs (des locuteurs non plus grecs uniquement, mais faisant partie de l'empire immense qu'était le monde hellénistique). Au IIIe siècle avant J.-C., de nombreux mots ont commencé à résonner comme étranges, difficiles, et les anomalies de leurs cas sont devenues trop intenses au point de paraître *erronées*. C'est pourquoi elles ont été *corrigées*, ramenées au modèle le plus simple, celui, standard, du masculin λόγος. On a alors un nominatif singulier plus simple γέροντας, « le vieil homme », dérivé de l'accusatif γέροντα, au lieu du classique, mais désormais incompréhensible, γέρων.

De surcroît, selon un processus que l'on retrouve dans presque toutes les langues jusqu'au latin médiéval et de là à l'italien et au français*, la fonction des cas fut peu à peu supplantée par le recours toujours plus fréquent aux prépositions. Par exemple, si en grec classique, le verbe πείθομαι, « croire en », « avoir confiance en », était suivi du datif, il apparaît ensuite suivi de la préposition ἐπί, « à », pour faciliter la compréhension. Le datif disparaît d'ailleurs complètement à partir du Moyen Âge.

L'existence d'une langue littéraire cultivée et de la tradition culturelle la plus solide du monde alors connu a longtemps dissimulé – ou retardé – l'évolution du grec dans les textes écrits et donc chez ses locuteurs. Les Grecs ne durent pas se rendre trop compte des mutations de la langue qu'ils utilisaient chaque jour ; ces mutations que nous avons peine à reconstituer aujourd'hui ou simplement à repérer dans le rétroviseur de l'histoire du grec.

Avec le passage des siècles, presque toutes les langues indo-européennes manifestent un affaiblissement de la syllabe finale des mots, jusqu'à sa disparition définitive dans les langues récentes et variées qui se sont formées par la suite. Par exemple, le nombre latin *unum* devient en français *un*, en italien et en espagnol *uno*, en portugais *um*. Le grec ancien possédait toutefois, comme nous l'avons vu, un accent qui lui est propre et qui n'a pas permis aux locuteurs de tronquer – de diviser – les mots. Par conséquent, la grammaire du grec ancien s'est simplifiée sans laisser aucun signe tangible, parce que presque toutes les syllabes finales se sont conservées.

Cette *résistance* de la langue est donc due surtout à la prononciation, qui a toujours continué à *dire* les mots de la même manière, sans aucun affaiblissement des voyelles finales. Ainsi, en grec moderne, nous trouvons encore le mot φίλος, « ami », exactement comme nous l'aurions trouvé en grec ancien, avec toutes les lettres à leur place, pas une de plus, pas une de moins.

Les Français, les Italiens, les Espagnols ont pu se rendre compte, à partir du Xᵉ siècle après J.-C., qu'en ayant perdu les syllabes finales du latin, les mots avaient évolué au point qu'il s'agissait désormais de langues *différentes* et *distinctes*.

Le grec, en revanche, a toujours eu un développement grammatical continu et silencieux, *interne*, sans jamais aucune fracture ni révolution. Pas même dans le système des cas. La langue grecque moderne, la Νέα Ελληνικά, possède encore quatre cas dans la déclinaison des mots : le datif ayant disparu, on retrouve le nominatif, le génitif (peu usité au pluriel), l'accusatif et le vocatif. C'est précisément en raison de cette continuité linguistique, même dans le système complexe de la déclinaison des mots, unique dans le panorama des langues modernes, que les Grecs n'ont jamais eu conscience du passage du grec ancien au grec moderne, s'il y en a jamais eu un.

En conclusion, grâce à son système de cas et à l'ordre libre de ses mots, le grec, qu'il soit *ancien* ou *moderne*, est une langue qui *pense* quand elle parle, et *pense* quand elle écrit. Toujours.

Un mode nommé *désir*. L'optatif

«Si vous me dites pourquoi le marais
paraît infranchissable,
je vous dirai ensuite pourquoi je pense
que je puis le franchir si j'essaie.»

Marianne MOORE,
«Je puis, je pourrais, je dois»[1].

Désir. En italien *desiderio*, en espagnol *deseo*, en portugais *desejo.* Du latin *desiderium*, formé de *de-sidera*: la préposition qui indique l'éloignement et le mot «étoile». Fixer du regard une chose ou une personne qui nous attire, comme on regarde la nuit les hiéroglyphes des étoiles.

L'éloignement, c'est-à-dire détourner le regard, le porter ailleurs. Ne plus voir les étoiles. Ressentir le manque. Fixer alors de la pensée une chose ou une personne que l'on ne possède pas et que l'on convoite. Et donc désirer.

1. Marianne Moore, «Je puis, je pourrais, je dois», *Poésie complète. Licornes et sabliers*, édition et traduction par Th. Gillybœuf, Paris, José Corti, 2004, p. 202. *(N.d.T.)*

En grec ancien, tout cela se dit à l'optatif. Comme dans ce fragment d'Archiloque :

> Εἰ γὰρ ὣς ἐμοὶ γένοιτο χεῖρα Νεοβούλης θιγεῖν καὶ πεσεῖν δρήστην ἐπ' ἀσκὸν κἀπὶ γαστρὶ γαστέρα προσβαλεῖν, μηρούς τε μηροῖς.
>
> « Ah ! Je voudrais que mon bras pût étreindre Néoboulé… et me jeter sur cette outre ardente à la besogne, pousser ventre contre ventre et cuisses contre cuisses[1]. » (Archiloque, Fragments 89-90.)

Le grec ancien concevait et représentait linguistiquement la réalité d'une manière très différente de l'italien ou du français*, et ce à travers le grand soin réservé au choix des modes verbaux. Dans notre langue, le *degré de réalisabilité* – c'est-à-dire du caractère réalisable – (et donc de *désir*) d'une action est totalement indépendant du mode des verbes utilisé, et il est exprimé à travers des adverbes et des locutions : beaucoup de mots, peut-être trop, pour dire ou ne pas dire ce que nous en pensons. En grec ancien, en revanche, chaque action humaine était évaluée en fonction de son *degré de réalité* : à chaque *degré* correspondait un mode verbal expressément choisi par le locuteur. Un verbe, indépendamment de sa valeur syntaxique au sein de la phrase, indiquait donc toujours l'*objectivité* s'il était conjugué au mode indicatif ou bien la *volonté/éventualité* s'il était conjugué au mode subjonctif ou optatif. Ἀναβιῴην νυν πάλιν, « Puissé-je revenir à la vie ! », trouve-t-on chez Aristophane (*Les Grenouilles*, 177).

---

1. Archiloque, *Fragments*, texte établi par Fr. Lasserre, traduit et commenté par A. Bonnard, Paris, Les Belles Lettres (CUF), 1958. *(N.d.T.)*

En grec ancien, seul le locuteur est à même d'évaluer la vie et d'en donner la mesure, par le choix libre du *mode verbal*, afin de la représenter à lui-même et aux autres : la vie vraie, concrète, objective, ou bien éventuelle, subjective, faite de « peut-être ». Possible ou impossible. Un désir réalisable ou irréalisable.

Le schéma des pages 148-149 montre les *degrés de réalité* selon lesquels le grec ancien évaluait les événements de la vie ; il nous permet de comprendre comment se placer par rapport à eux grâce au choix des modes verbaux. Pour comprendre, il faut aller sous la surface des choses et en remettre au jour le sens dans notre langue : l'exemple choisi est entièrement emprunté à l'univers marin. Et nous qui sommes aux prises avec le grec ancien, nous devons agir, pour ainsi dire, en *scaphandriers du sens*.

Aussi opposé que soit l'irréel au réel, il lui est cependant identique : ce qui n'a jamais eu lieu ou qui n'aura jamais lieu possède le même degré d'objectivité et d'impartialité que ce qui a été ou qui sera. Ces deux perceptions *objectives* du locuteur étaient exprimées en grec par la netteté du mode indicatif, sans incertitude aucune. Dans le schéma ci-après, la première et la dernière phrase « je voudrais prendre la mer » expriment le réel et l'irréel : en italien ou en français*, il n'y a aucune différence linguistique dans le degré de ces actions qui ne dépend que du jugement du locuteur. Les mots écrits ou dits sont les mêmes, ils sont identiques : c'est dans l'intimité de celui qui parle, lorsqu'il se rend des comptes à lui-même, des comptes impartiaux, même *linguistiquement*, que mûrit la décision de lever l'ancre ou non ; et c'est ainsi que l'action devient possible ou impossible.

RÉEL	**Objectivité de l'action**	Je voudrais prendre la mer / Je veux prendre la mer
ÉVENTUEL	**Subjectivité de l'action**	Je voudrais prendre la mer / Je pourrais prendre la mer
POTENTIEL	**Subjectivité de l'action**	Je voudrais prendre la mer / Je pourrais prendre la mer
IRRÉEL	**Objectivité de l'action**	Je voudrais prendre la mer / J'aurais voulu prendre la mer

Notre langue n'a aucun moyen de distinguer le caractère réel ou irréel des faits lorsque nous exprimons un *désir* pur et simple : tout ne dépend que de nous, lorsque nous sommes seuls le matin face au miroir et à l'intégrité de notre parole (pour ceux qui savent de quoi je parle, et tant pis pour les autres).

Entre réel et irréel s'insèrent en grec deux degrés de réalité subjective, strictement dépendants de la manière qu'a le locuteur de voir le monde et de l'exprimer en mots : l'*éventuel* et le *potentiel*.

L'*éventuel* est la possibilité concrète de réalisation

… ma barque est amarrée au quai, je suis prêt à lever l'ancre.	Mode indicatif en grec
… ma barque est amarrée au quai, je suis prêt à lever l'ancre, si le vent est favorable. Espérons que le temps s'améliorera demain.	Mode subjonctif en grec
… ma barque est amarrée au quai, mais je ne sais pas naviguer. Je dois apprendre, faire preuve de courage, aller au-devant du risque, attendre le vent et partir. Je sais que le bateau est magnifique, en sécurité au port, mais il n'est pas fait pour ça.	Mode optatif en grec
… je n'ai pas de barque quelle qu'elle soit, je souffre du mal de mer, je vis à la montagne et je n'ai pas l'intention de changer les choses : cela m'est impossible et il n'y rien à faire.	Mode indicatif en grec

d'une action : elle est rendue en grec ancien par le subjonctif. En italien ou en français*, l'éventuel réel est exprimé au conditionnel : d'où l'expression latine *conditio sine qua non*, le point d'ancrage, de départ pour que quelque chose se réalise pour de vrai. Pour cette raison, dans le tableau ci-dessus, la seconde phrase « je voudrais prendre la mer » signifie que tout est prêt et qu'il existe une éventualité concrète de réalisation de l'action : il faut simplement attendre que le vent soit favorable, ouvrir les voiles et lever l'ancre.

Le *potentiel* est en revanche une projection du

locuteur, de ses désirs, de ses intentions, de ses peurs, et même de son amour, à travers le recours à la langue. En grec, il était exprimé à l'optatif désidératif, le plus personnel et le plus intime des modes verbaux. En italien ou en français*, sa traduction est compliquée, difficile, et elle nous met souvent en difficulté en nous contraignant à prendre en compte *des désirs qui ne sont pas les nôtres.* Dans le tableau ci-dessus, la troisième phrase « je voudrais prendre la mer » dit un désir du locuteur dont le caractère réalisable ne dépend ni du vent adéquat, ni des voiles, ni de la marchandise dans la cale. Cependant, il exprime les comptes que doit se rendre l'homme à lui-même, en regardant le reflet de son désir dans la mer et en mesurant son courage et sa force au moment de faire librement le choix de lever l'ancre, de tout laisser derrière soi et de partir, ou bien d'avoir peur et de rester.

La frontière qui sépare un désir réalisable d'un désir impossible est subtile, délicate ; elle dépend entièrement de la responsabilité humaine de celui qui s'exprime par des mots, et des faits que ces mots traduisent. Dans la vie comme dans la langue grecque, l'évaluation du passage du désir du potentiel à l'éventuel, puis au réel, ou bien de son glissement définitif vers l'irréel, est entièrement contenue dans le mode optatif.

Le mot *optatif* vient du verbe latin *optare* : il signifie *désirer*, *souhaiter*, *espérer*. En raison de son étymologie, ce mode verbal unique du grec est appelé aussi *mode désidératif*.

Comme tous ces débris d'une élégance à jamais perdue, l'optatif grec vient aussi de l'indo-européen. À la différence toutefois des autres langues qui dérivent de l'indo-européen, seul le grec (avec les langues indiennes et persanes) a choisi de conserver la distinction entre les modes indicatif, subjonctif et optatif, infinitif et impératif.

L'emploi de l'optatif pour exprimer aussi bien le désir que le regret est déjà attesté dans le grec archaïque d'Homère (qui ne fait cependant pas toujours la distinction entre caractère réalisable et irréalisable du désir) :

> Εἴθε οἱ αὐτῷ
> Ζεὺς ἀγαθὸν τελέσειεν ὅ τι φρεσὶ ᾗσι μενοινᾷ.
> « Que Zeus à ses desseins donne l'heureux succès[1] ! »
> (Homère, *Odyssée*, II, 33-34.)

Tous les auteurs classiques, de Platon à Thucydide, de Sophocle à Aristophane, utilisent vaillamment l'optatif pour exprimer un désir possible, tandis que les temps historiques de l'indicatif sont employés pour indiquer, justement, un désir impossible.

En résumé, l'optatif est le mode verbal qui permet aux auteurs grecs d'élaborer des points de vue d'une extrême délicatesse : un mode unique dans toutes les langues du monde. Deux pôles et deux couleurs de la langue grecque : blanc et noir, réel et irréel ; avec au milieu tout le spectre chromatique des choix de l'être humain.

Le passage nuancé du réel à l'irréel est également exprimé en grec grâce aux modalités de formulation

1. Homère, *Odyssée*, chant II, texte établi et traduit par V. Bérard, Paris, Les Belles Lettres (CUF), 1924. *(N.d.T.)*

des hypothèses. Il s'agit de ce que l'on appelle *la phrase hypothétique*, composée de la *protase* (προτείνω, « placer avant, antéposer »), c'est-à-dire le préambule ou la condition préalable pour que se réalise ce qui est exprimé dans la proposition principale, et de l'*apodose* (du grec ἀποδίδωμι, « rendre, restituer »).

Réel et éventuel sont rendus par le présent, respectivement de l'indicatif et du subjonctif. Potentiel et irréel sont en revanche rendus par le passé, de l'optatif et de l'indicatif.

Non, l'évaluation linguistique du *degré de réalité* des affaires humaines n'est pas une question de sort, de fortune, de destin, d'horoscope, ou pire encore, de hasard. Ce l'est d'autant moins si l'on considère le raffinement du grec ancien. Pour le dire plus clairement : si les probabilités qu'une action ait lieu sont élevées, le grec emploie le subjonctif ; si elles ne le sont pas, il emploie l'optatif.

Ce qui détermine les probabilités et les choix linguistiques est la volonté du locuteur et le contexte des conditions extérieures.

La phrase « le *libeccio* pourrait souffler », si elle est prononcée sur la Terrasse Mascagni de Livourne par une nuit où l'on sent ce vent si caractéristique qui « ébouriffe l'âme », exprime de très fortes probabilités que cela se produise : le grec ancien aurait recours au subjonctif. La même phrase, prononcée sur une terre nordique désolée, renvoie à un événement très lointain, et par conséquent très regretté et très désiré : le grec ancien aurait recours à l'optatif. Si en revanche le *libeccio* soufflait déjà, le vent serait une réalité, donc la phrase serait exprimée à l'indicatif présent. Si nous nous trouvions dans un désert, le vent qui « emprunte le bruit de la mer » serait impossible, irréel, et donc raconté en grec à l'indicatif passé.

> Εἴθ᾽ ὣς ἡβώοιμι βίη τέ μοι ἔμπεδος εἴη,
> ὡς ὅθ᾽ ὑπὸ Τροίην λόχον ἤγομεν ἀρτύναντες.
> « Ah ! Si j'avais encore ma jeunesse et ma force, comme en cette embuscade que nous avions un jour poussée sous Ilion ! »

Voilà ce que soupire Ulysse aux vers 468-469 du chant XIV de l'*Odyssée*, en choisissant l'optatif : la nature de son désir, la force donnée par la nostalgie, la détermination née de la fatigue sont précisément exprimées par la valeur du mode verbal.

C'est le chant d'Eumée, le fidèle porcher qu'Ulysse a toujours aimé comme un fils. Arrivé enfin à Ithaque, éprouvé par tant de combats et de voyages, Ulysse apprend de son serviteur que l'on croit désormais que le roi est mort durant la guerre de Troie, et que de vils usurpateurs, les prétendants, convoitent son royaume et sa femme Pénélope. Ulysse voudrait sentir monter en lui la même force et la même soif guerrières que celles qu'il éprouva vingt ans plus tôt sous les murs de Troie, mais le long voyage et les nombreuses douleurs ont laissé des cicatrices sur son âme et sur son corps. Lorsque Eumée lui demande sa véritable identité, Ulysse décide de mentir en se faisant passer pour un mendiant crétois. Pour finir, les deux hommes partagent le dîner, et l'humble Eumée donne à son roi qu'il ne reconnaît pas un manteau pour le protéger du froid de la nuit.

Si la phrase était complètement isolée du contexte

que nous connaissons, nous ne réussirions jamais à l'interpréter en profondeur, comme un graffiti sur le mur d'une gare dédié à un amour depuis longtemps éteint, ou qui sait ? peut-être encore vivace. Nous connaissons en revanche le *désir* d'Ulysse et la force exigée par les dieux pour affronter le long voyage de Troie vers chez lui (nous savons tout cela uniquement parce que nous avons lu l'*Odyssée*).

Si nous ne connaissions rien des aventures d'Ulysse en Méditerranée, la seule phrase « Ah ! Si j'avais encore ma jeunesse et ma force » dans notre langue ne nous dirait rien de son désir de reprendre ce qui lui revient de droit en chassant les usurpateurs du trône d'Ithaque. Elle pourrait en effet renvoyer à un vieil homme plein de regrets, à un homme déçu par la vie, à n'importe quel vétéran de retour de la guerre de Troie.

Rien ne laisse entendre que ce *désir* soit un **potentiel** sur le point de devenir **réel** : Ulysse, après dix ans de voyage et dix ans de guerre, est enfin à Ithaque, sous les habits d'un réfugié misérable, pour récupérer son royaume et sa femme, sa vie en somme.

L'interprétation de ce que dit le grec en s'appuyant uniquement sur le mode verbal, est entièrement confiée au traducteur, à sa sensibilité, à la tâche ardue qui lui est dévolue par la langue grecque, de déchiffrer les désirs d'un autre. En italien ou en français*, il faudra donc des mots en plus pour rendre l'optatif, ou bien des mots en moins : la différence est uniquement de forme, non de contenu.

L'optatif de la phrase peut être mis en relief dans notre langue grâce à des expressions telles que « comme je voudrais être jeune», «si seulement je pouvais être jeune comme au temps où nous déclarâmes la guerre à Troie»: tout cela pour pouvoir dire le désir d'Ulysse de conclure son voyage de retour, son νόστος, et de retrouver sa place sur le trône d'Ithaque aux côtés de sa femme Pénélope et de son fils Télémaque.

> Ἀλλ' Ἔρως [...] πάντων ἂν ἀνδρειότατος εἴη.
> «C'est l'Amour qui [...] doit être, de tous, le plus courageux.» (Platon, *Le Banquet*, 196d).

Et j'ajouterais: si seulement le sens de l'optatif pouvait être clair!

Nostos

Le mot qui exprime l'un des désirs humains les plus poignants, la *nostalgie*, semble d'origine grecque, mais il n'en est rien. La *nostalgie* est certes composée des mots grecs νόστος, «le retour», et ἄλγος, «la douleur», «la tristesse», et exprime le désir mélancolique de retourner chez soi, dans les lieux où l'on a passé son enfance et où se trouvent les personnes et les objets les plus chers, mais elle est tout à fait étrangère au monde grec. Le mot ne fut forgé qu'en 1688 par un étudiant en médecine alsacien, Johannes Hofer, qui soutint à l'université de Bâle une thèse intitulée *Dissertation médicale sur la nostalgie*. Le jeune homme s'était consacré pendant des années à l'étude médicale du désarroi émotionnel éprouvé par les mercenaires suisses au service du roi de France Louis XIV, contraints à rester des années loin des vallées et des montagnes de leur patrie, et souvent affectés d'un mal indéfini qui les poussait à la mort s'ils n'étaient pas reconduits chez eux.

Depuis lors, le néologisme issu du grec *nostalgie* se diffusa dans les autres langues européennes pour exprimer le sentiment de tristesse et d'éloignement de la terre aimée, une mélancolie qui se dit « mal du pays » en français et *Heimweh* en allemand. Pour finir, l'allemand possède un mot magnifique que n'ont ni l'italien ni le français* ; magnifique pour qui sait comprendre cette étrange souffrance. C'est *Fernweh*, composé de « douleur » et de « loin », qui désigne la nostalgie des lieux que l'on n'a jamais visités, mais où l'on aimerait tant aller.

Nostoi (Νόστοι), *Les Retours*, est aussi le titre d'un ensemble de poèmes épiques grecs consacrés au retour dans leur patrie des héros achéens après la guerre de Troie. L'auteur des poèmes reste entouré de légendes : selon certains, il s'agirait d'un dénommé Eumélos de Corinthe, selon d'autres, d'Agias de Trézène. Précédés des *Chants cypriens*, de l'*Éthiopide*, de la *Petite Iliade* et du *Sac de Troie*, et suivis de la *Télégonie*, les *Nostoi* font partie de ce que l'on appelle le *Cycle troyen* : un recueil épique qui racontait la guerre de Troie dans son entier, indépendamment de l'*Iliade* et de l'*Odyssée*, jamais mentionnées dans cette saga formant ainsi une sorte de version alternative à l'histoire qui nous a été transmise par Homère.

Singulière contrepartie de l'étude des langues anciennes : le mode verbal le plus intime du grec ancien, né pour exprimer le *désir*, suscite au mieux de l'*effroi* chez tous ceux qui tombent dessus en traduisant des textes. J'ai toujours constaté qu'il était certes enseigné, mais presque jamais expliqué. Cela ne suffit pas de dire que le grec possédait quatre modes verbaux finis – indicatif, impératif, subjonctif et optatif – et d'y joindre un tableau, pour saisir le sens d'une langue. *Surtout* si elle est pourvue d'un mode de pensée dont nous sommes dépourvus. *Surtout* si elle possède une chose en plus qui laisse un vide dans notre langue. *Surtout* si cette langue est magnifique, et le grec ancien n'est qu'émerveillement.

C'est sans doute parce que dans la vie – et pas seulement dans la vie académique – je crois fermement en la valeur de la *curiositas* à la latine (rien à voir avec la curiosité de commérage ou l'envahissante *curiosité* bien de chez nous). L'envie d'apprendre pour se découvrir soi-même et le monde, comme le font les enfants qui attendent toujours une réponse au *pourquoi* de chaque chose. Le besoin de poser des questions face à tout ce qui ne tourne pas rond, devant tout ce qui semble étrange ou bizarre. Le bel effort de questionner toujours, les études, la langue, les êtres humains, la vie : c'est ainsi qu'on l'apprend, selon moi, la vie.

C'est sans doute parce que j'ai beaucoup voyagé et vécu dans des lieux différents et lointains, et que j'ai appris que c'est uniquement en se demandant toujours pourquoi, que l'on est véritablement au monde sans se limiter à être d'éternels *touristes de passage*.

Mais voilà, le manque de curiosité face au grec ancien, dû à certaines méthodes d'enseignement, que je remarque chez les élèves, me consterne. Cela m'énerve même parfois. Parce que l'on ne peut pas étudier une langue pendant des années et rester toujours un *vagabond*, ballotté de-ci de-là entre une règle grammaticale, une entrée du dictionnaire et une page ou deux du manuel. Le grec ancien, soit on le vit pour de vrai, et on entre dans la langue, soit non, on reste muet et c'est tout.

Est-il *possible* que personne, je dis bien personne, ne se demande jamais pourquoi le grec ancien possède un mode unique en plus par rapport à toutes les autres langues : l'optatif ? Est-il possible que tous, je dis bien tous, le considèrent comme une sorte de face B du subjonctif grec ou une version alternative du conditionnel ? La plupart de mes élèves n'ont qu'une vague idée de cette conception de la possibilité que l'optatif porte en lui. Il était d'ailleurs vague pour moi aussi avant que je n'en approfondisse le sens et que je ne me l'approprie.

Je me suis souvent entendu dire que « l'optatif est le mode qui fait -οι », à cause de ses voyelles thématiques – et « oï » n'est certainement pas un soupir caractéristique de la joie et, surtout, il ne contient pas la moindre miette de sens linguistique. Presque toujours, une fois le texte de la version distribué, si le regard de l'élève épouvanté, tel celui d'une mouette en vol plané, aperçoit la particule ἄν, il ressent la menace, le défi, les gouttes de sueur : bref, un gigantesque signal lumineux faisant clignoter le mot « danger ». Et pourtant, c'est cette particule qui servait au grec à souligner et mettre en évidence le sens des modes verbaux : ἄν n'est autre qu'une gracieuse étincelle marquant la délicatesse du sens. Alliée aux temps historiques de l'indicatif, ἄν indique l'irréel, l'impossible : l'action n'a pas eu lieu et elle ne pourra avoir lieu. Alliée au subjonctif ou à l'optatif, ἄν indique l'éventuel ou le potentiel : l'action va avoir lieu ou il est possible qu'elle ait lieu. Et comment la traduire ? La plupart du temps, on ne la traduit pas du tout. Ou plutôt, nous nous contentons de rendre dans notre langue la nuance de contenu que ἄν met en évidence : cette fois, on nous en concède la *possibilité*.

Considérons donc, sans crainte et avec toute la délicatesse requise, comme s'il y avait la mention *fragile* sur un carton rempli de cristal précieux, le sens de l'optatif en grec ancien :

- **L'optatif désidératif**, sa valeur d'origine.

Ποιοίην : « je voudrais écrire des poèmes ! » / « pour l'amour du Ciel, si seulement je pouvais écrire des poèmes ! »

Il exprime dans les phrases principales un désir, un vœu (ou une malédiction), une intention, un conseil courtois, une concession – comme εἶεν, « qu'il en soit ainsi », « d'accord ». Le *désir* peut se référer au présent, au futur et même au passé : on peut désirer qu'un jour quelque chose ait eu lieu ou n'ait pas eu lieu (cela s'appelle le *regret*).

Le verbe peut être précédé de petits mots comme εἰ, γάρ, εἴθε, ὡς au sens de « ah ! si », « plût au Ciel que », « si seulement ». En italien ou en français*, on peut le rendre avec le recours aux mêmes petits mots, ou, mieux, avec le plus authentique conditionnel.

La négation de la subjectivité – parce que l'on peut nier même les désirs – est μή.

- **L'optatif potentiel**, ou la possibilité.

Ποιοίην ἄν : « Si l'envie m'en prenait un jour, j'écrirais des poèmes » / « je pourrais écrire des poèmes ».

Il exprime la probabilité qu'un événement se confirme ou non, mais aussi une invitation, une prière, un ordre donné poliment, un commentaire ironique ; par exemple ἂν λέγοις, « dis-moi donc », c'est-à-dire οὐκ ἂν φθάνοις λέγων, « ne te fais pas prier, allez, dis-moi » (toujours dit avec le sourire).

En italien, il est rendu par le conditionnel, ou bien, encore mieux, par une périphrase avec le verbe « pouvoir » qui en dévoile le sens. Notre langue aussi a conservé, au conditionnel, un emploi *ironique* ou *de modestie* dans des expressions telles que « *avremmo un impegno per cena* », « nous *serions* déjà pris pour le dîner » (lorsque l'on voudrait échapper à de mortels apéros dînatoires, ne serait-ce que pour dénoncer la laideur de l'expression), ou « *sarebbero tre mila euro* », « cela *ferait* trois mille euros » (lorsque l'on veut adoucir une facture salée).

La négation – parce que de nombreuses possibilités ne se réalisent pas – est οὐ.

• **L'optatif oblique**, ou la lunette à travers laquelle le locuteur observe le monde.

Ἔλεγεν ὅτι ποιοίη : « il racontait qu'il écrivait des poèmes » / « il disait qu'il écrivait des poèmes ».

Fréquent dans les narrations, l'optatif oblique apparaît dans tous les types de subordonnées (finales, causales, temporelles, déclaratives, etc.) dépendant d'une principale au passé. Dans ce cas, il perd sa valeur d'origine et il ne conserve de la notion de possibilité qu'une idée vague : il indique en fait que l'on est en train de rapporter de manière indirecte (*oblique*, précisément) la pensée du sujet. D'une certaine façon, il souligne un degré de distance *subjective* entre le locuteur et ce qui est rapporté ; encore une fois, c'est une question de politesse, de correction, d'intégrité.

L'emploi de l'optatif oblique n'est pas du tout obligatoire, mais il dépend de la liberté (et de la sincérité) de celui qui raconte des pensées et des actions qui ne sont pas les siennes. Si seulement on pouvait retrouver ce mode grec dans le journalisme actuel (ou dans ce qu'il en reste) !

La poésie

Le mot « poésie » vient du verbe ποιέω, faire. Le même verbe qui signifie *fabriquer*, *construire* matériellement, artisanalement. Faire de la poésie n'avait vraiment rien de *poétique* pour les Grecs, du moins pas au sens où nous l'entendons dans notre langue. C'était un métier comme un autre, comme menuisier, marbrier ou potier. C'est seulement que l'on fabriquait des poésies.

La poésie naquit environ deux siècles après Homère et Hésiode, lorsque les Muses se turent et cessèrent de dicter depuis l'Hélicon, c'est pourquoi les Grecs durent inventer un genre nouveau avec lequel exprimer leur monde en vers.

Homère et Hésiode faisaient de l'épopée et non de la poésie, c'est-à-dire qu'ils racontaient des histoires (ἔπος) en se servant de mètres musicaux. Au VIIe siècle avant J.-C., le monde changea : on passa d'une culture universelle – adaptée à la grande épopée, capable de réunir sous son manteau toute l'encyclopédie de l'être grec, le « *nous* » – à une culture individuelle qui exigeait de pouvoir raconter les sentiments, les passions, les douleurs, les états d'âme du « *je* » au singulier.

Il y avait deux types de poésie grecque, la poésie *monodique* (récitée par un seul poète) et la poésie *chorale* (récitée en chœur). Il y avait deux thèmes principaux : les dieux et les hommes.

Chaque genre possédait son dialecte : le dorien pour la lyrique chorale, l'éolien pour la lyrique monodique. On retrouve là la tendance grecque à tout disposer en ligne, par catégories : le poète ouvrait la bouche en dorien et tous savaient déjà à quoi s'attendre avec ses vers, peu importe qu'il fût né à Sparte ou à Lesbos. Cette histoire de dialecte était, c'est le cas de le dire, un choix *poétique*, c'est-à-dire *pratique*, pour la compréhension.

Et puis eux, les poètes.

Les Alexandrins – ceux qui ont choisi ce qu'il fallait nous faire lire sans que personne leur ait rien demandé, en constituant un canon – en ont transmis neuf presque intégralement : Sappho, Alcée, Anacréon, Alcman, Ibycus, Stésichore, Bacchylide, Simonide, Pindare. De tous les autres, il ne reste que des *fragments, des feuilles mortes dispersées par le vent*, aurait dit l'émouvant Mimnerme.

Et de quoi vivaient les poètes grecs, économiquement ? Ils vivaient comme les artisans.

De nos jours, si la famille est fortunée, on s'amuse à fabriquer des tables et des chaises comme on en a envie, on fait un peu l'artiste excentrique, comme Archiloque qui dit qu'il n'hésiterait pas à abandonner son bouclier si les choses tournaient mal à la guerre, parce qu'il préfère sauver sa peau. Ou alors, comme Sappho, on se meurt d'amour. Ou encore, comme Alcée, on chante son alcoolisme prononcé.

Si en revanche on est pauvre, on fait les chaises exactement comme le veulent ceux qui les paient. Un exemple, Pindare. Il y a ceux qui chantent dans les mariages pour de l'argent. À l'époque, il y en avait qui écrivaient des poèmes sur commande. Del Corno, l'auteur du manuel de littérature grecque sur lequel nous avons tous planché[1], définit Pindare comme le *poète de circonstance*. C'était bien ce que faisait Pindare, le plus célèbre et le plus génial dans sa branche. Avec deux dates, un nom et une ville, il savait célébrer n'importe qui comme si c'était un héros ou un demi-dieu, en en exhumant les origines mythologiques jusqu'à la dixième génération. C'était en résumé un véritable professionnel de *la circonstance*. Et les *circonstances* de travail ne manquaient certainement pas : Pindare écrivait surtout en l'honneur des vainqueurs des jeux *panhelléniques*, c'est-à-dire les compétitions sportives les plus anciennes au monde (il n'y avait pas seulement les célèbres jeux Olympiques, mais aussi les Pythiques, les Néméens, les Isthmiques).

Et pourquoi Pindare fut-il par la suite si célébré et transmis comme le poète sacré de la pureté poétique sans que l'on tienne compte aussi de la *circonstance* et de sa *profession* spécifique ?

J'ai une théorie très personnelle sur le sujet : c'est parce que l'on ne comprenait rien à ce qu'il écrivait, malgré la beauté incontestable de chacun de ses mots. Que sont les fameux vols pindariques si ce n'est les passages que l'on comprend encore moins que les autres ? Je n'ai jamais rencontré une seule personne qui l'ait vraiment compris, ce Pindare. Une opinion que je partage avec Voltaire qui écrivit : « Pindare, [...] Toi qui modulas savamment / Des vers que personne n'entend, / Et qu'il faut toujours qu'on admire ».

1. Dario Del Corno, *Antologia della letteratura greca*, Milan, Principato, 1991, 3 vol. ; *La letteratura greca: storia e testi*, Milan, Principato, 2002-2003, 4 vol. Nous n'avons pas encore d'équivalent en France pour la littérature grecque, mais les trois volumes des *Lettres latines* de R. Morisset et de G. Thévenot aux éditions Magnard pourraient s'en rapprocher pour ce qui est de la littérature latine. *(N.d.T.)*

Je rapporte à titre d'exemple, et pour dissiper tout doute chez le lecteur en le laissant juger par lui-même (je ne m'acharne pas du tout contre Pindare, que j'aime même sans le comprendre), la seconde Néméenne dédiée à un certain Timodème d'Acharnes vainqueur au pancrace :

« Imitons les Homérides, ces aèdes qui, dans les chants qu'ils enchaînent, aiment en leur prélude à commencer par Zeus. Ainsi mon héros, ambitieux de vaincre dans les Jeux sacrés, a vu poser la première assise de sa gloire dans le bois tant célébré de Zeus Néméen.

Il faut donc qu'encore – si vraiment un destin propice le guide dans la voie de ses pères, pour faire de lui l'ornement d'Athènes la Grande – souvent il cueille la plus belle des couronnes à la fête Isthmique, et triomphe à celle de Pythô, ce fils de Timonoos. Il faut s'attendre

à voir toujours Orion passer non loin des Pléiades, filles des montagnes [?????? vol pindarique !]. Salamine d'ailleurs sait nourrir de vaillants combattants. À Troie, Hector entendit l'appel d'Ajax ; ô Timodème, c'est la vaillance opiniâtre exigée par le pancrace qui fait grandir ta gloire.

Acharnes a depuis longtemps le renom d'être féconde en héros ; et s'il s'agit de vaincre aux jeux, toujours on cite l'excellence des Timodémides. Auprès du Parnasse aux cimes sublimes, ils ont remporté aux jeux quatre victoires, et, de la main des hommes de Corinthe, dans la vallée du noble Pélops, ils ont obtenu déjà huit couronnes ; sept à Némée, à la fête de Zeus ; – chez eux plus qu'on n'en peut faire le compte. Célébrez Zeus, ô citoyens, en l'honneur de Timodème, pour son retour glorieux : entonnez votre chant d'une voix mélodieuse[1] ! »

La survie de l'optatif en grec, l'unique langue indo-européenne à le défendre avec ténacité, s'explique par la solidité incomparable et unique de son système verbal. Ce sont les verbes, non les substantifs, qui ont un *caractère dominant* dans la langue grecque antique. Les verbes grecs, moyennant les catégories de l'aspect et du mode, expriment les notions du point de vue de leur *processus*, de leur déroulement et de leur perception de la part du locuteur. Ce ne sont pas simplement les *choses* qui sont exprimées, mais les *actes* à partir desquels les choses naissent et deviennent.

Tous les dialectes grecs manifestent à l'époque historique une distinction claire de sens entre le subjonctif et l'optatif, entre éventuel et potentiel.

Mais au Ier siècle après J.-C., l'optatif est déjà en train de disparaître peu à peu. Ce mode verbal est déjà en crise, remplacé par des mots plus simples comme « sans doute », « peut-être ». Et chaque crise (pas seulement *linguistique*) empire encore la situation : la nuance de signification contenue dans l'optatif était trop subtile pour résister à l'implosion des dialectes en une seule langue

1. Pindare, *Néméennes*, t. III, texte établi et traduit par A. Puech, Paris, Les Belles Lettres (CUF), 1923 ; les mots entre crochets sont d'Andrea Marcolongo. *(N.d.T.)*

impériale, la κοινή. Par exemple, ce mode verbal apparaît rarement dans le texte grec du Nouveau Testament ; on en trouve encore quelques exemples dans des papyrus plus tardifs, mais seulement pour exprimer des vœux et des prières. Il s'agit de toute façon de survivances et nous pouvons aisément l'imaginer s'évanouir lentement de la langue parlée normale et libre des Grecs. Tous les témoignages s'accordent à démontrer que l'optatif a disparu tout d'abord des phrases où il exprimait le potentiel, puis dans les subordonnées où il a une valeur *oblique* ; il survit plus longtemps dans les textes qui expriment un vœu adressé à une divinité : un désir, certes, mais *religieux*, pieux.

Si l'emploi de l'optatif est rare chez les auteurs d'époque impériale comme Strabon, Polybe ou Diodore de Sicile (comparé à la constance avec laquelle l'emploient Platon et Xénophon), son emploi devait être encore plus rare dans un contexte de conversation, de situation familière.

Pour faire la synthèse, il s'agissait de finesses d'expression trop subtiles pour résister longtemps sans se confondre, s'atténuer, sans perdre l'intensité de leur sens. En grec moderne, il n'existe aujourd'hui que le subjonctif. L'optatif a disparu pour toujours.

Magari !

L'histoire du mot italien *magari* (que l'on peut traduire en français par « peut-être » ou « si seulement »)* est magnifique : c'est sûrement pour cette raison que chaque fois que je m'entends répondre à une question de cette manière, je souris avec bonheur, en en chérissant au fond de moi le sens intime.

Magari vient précisément du grec μακάριος, «heureux», «bienheureux», et plus exactement de son vocatif μακάριε, «ô heureux!». Au fond, le mot ne correspond donc pas à un doute ou à une incertitude au sens où nous pouvons l'entendre aujourd'hui, mais à un véritable souhait: «Puisses-tu être heureux!» (ou à la limite, un bon «*beato te!*», «chanceux, va!»*).

L'histoire de ce mot et de son entrée, directement depuis le grec, dans de nombreuses langues européennes (en espagnol, on trouve *maguar*, en serbe, *makar*, en grec moderne, μακάρι) est tout aussi curieuse: il semble en effet qu'il y ait en amont une erreur amusante d'écriture et de prononciation. Au Moyen Âge, lorsque le grec cessa d'être compris en Europe, de nombreuses lettres étaient confondues ou mal écrites par les moines chargés de copier les textes antiques (mais ils ont toute notre gratitude pour tout ce qu'ils ont conservé de leur main et de leurs plumes d'oie pour nous le transmettre). Les lettres gutturales au son similaire comme κ, χ et γ étaient interverties et les erreurs étaient transmises de texte en texte, de manuscrit en manuscrit et puis de bouche en bouche.

En raison de son sens de *bonheur* et de *félicité*, le mot grec μακάριε (prononcé «makari») apparaissait de manière répétée dans les textes religieux: à force d'écrire et de prier, la lettre *kappa* (κ) doit avoir été prise pour le *gamma* (γ). C'est à cause de cette erreur de transcription de la lettre qui, aux oreilles médiévales, sonnait comme un «g», que nous écrivons aujourd'hui en italien notre *magari*, arrivé directement du grec ancien, *usagé mais en bon état*, selon l'expression consacrée.

De l'optatif, il ne reste aujourd'hui plus une trace dans aucune langue: déjà en latin, d'où viennent l'italien et le français*, il ne reste que de vagues vestiges de sens, orphelins de mode verbal, tels que les subjonctifs dérivés d'un antique désidératif (*sit*, « qu'il soit », *velit*, « qu'il veuille »).

L'histoire de toutes les langues modernes démontre que l'optatif et le subjonctif, ensemble, ne pouvaient cohabiter longtemps : la ligne de sens qui en traçait la frontière était à la fois trop fine et trop dense. La distinction entre subjonctif et optatif a donc été supprimée des langues indo-européennes, de manières différentes et indépendantes les unes des autres. Et dès le départ, il était clair qu'il reviendrait à l'optatif l'obligation de céder la place. Le subjonctif s'est conservé parce que, comme en latin et donc en italien et en français, il est nécessaire dans de nombreuses propositions subordonnées, tandis que son emploi est limité dans les propositions principales. L'optatif en revanche exprimait des nuances de sens, mais ce n'était pas une forme verbale essentielle pour *comprendre et se faire comprendre*. Il représentait une forme de courtoisie pour exprimer ses propres désirs et rendre des comptes de sa propre vie (et de ses propres mots) sans imposer sa volonté ou envahir la vie (et les mots) des autres.

« La perte de l'optatif traduit une diminution dans la délicatesse du grec. C'est une élégance d'aristocrates qui s'est perdue » : tel est le commentaire de l'incomparable Antoine Meillet sur la disparition de ce mode verbal.

D'ailleurs, chaque langue est *démocratique*, c'est un *fait social* lié au temps et à la façon de voir le monde de ses locuteurs. Quoi qu'on en dise aujourd'hui à l'ère de Twitter et de WhatsApp, ce sont eux qui changent avant que la langue ne change, et non l'inverse. Chaque mot de chaque langue est soumis à la démocratie de l'usage de celui qui la parle, de même qu'une statue est soumise à la démocratie du vent qui continue à en sculpter le marbre.

C'est par le regret de la nourrice pour ce qui aurait pu se passer, mais qui n'a pas eu lieu, – un désir désormais irréalisable – que s'ouvre *Médée*, l'une des tragédies les plus denses et les plus perturbantes d'Euripide. Mais il en est allé différemment. Mais le navire Argo a levé l'ancre et tout est arrivé.

> Εἴθ᾽ ὤφελ᾽ Ἀργοῦς μὴ διαπτάσθαι σκάφος
> Κόλχων ἐς αἶαν κυανέας Συμπληγάδας,
> μηδ᾽ ἐν νάπαισι Πηλίου πεσεῖν ποτε
> τμηθεῖσα πεύκη, μηδ᾽ ἐρετμῶσαι χέρας
> ἀνδρῶν ἀρίστων οἳ τὸ πάγχρυσον δέρος
> Πελίᾳ μετῆλθον. Οὐ γὰρ ἂν δέσποιν᾽ ἐμὴ
> Μήδεια πύργους γῆς ἔπλευσ᾽ Ἰωλκίας
> ἔρωτι θυμὸν ἐκπλαγεῖσ᾽ Ἰάσονος.

> « Plût au Ciel que la nef Argo, en son vol vers la terre de Colchide, n'eût point franchi les Symplégades de sombre azur, que dans les vallons du Pélion le pin ne fût jamais tombé sous la hache, et n'eût pas armé de rames les mains des preux qui firent pour Pélias la quête de la toison d'or ! Ma maîtresse Médée n'eût pas cinglé vers les remparts du pays d'Iôlcos, le cœur éperdu d'amour pour Jason[1]. » (Euripide, *Médée*, v. 1-8.)

---

1. Euripide, *Médée*, in *Œuvres*, t. I, texte établi et traduit par L. Méridier, Paris, Les Belles Lettres (CUF), 1925. *(N.d.T.)*

C'est pourquoi l'optatif grec est la mesure parfaite de la distance à parcourir entre l'effort nécessaire pour rendre compte, littéralement, d'un *désir* et la force qu'il faut pour l'exprimer avant tout à soi-même ; avec la conviction que, dans toute situation, c'est l'élégance qui donne un avantage mince mais sûr, même et surtout dans le langage.

Nous sommes entre nous – et entre nos désirs.

Mais alors, comment traduire ?

> « Pour parler, je préfère venir
> du silence. Préparer la parole
> avec soin pour qu'elle aborde à sa rive
> en glissant, tout bas, comme une barque,
> cependant que le sillage de la pensée
> en dessine la courbe.
> L'écriture est une mort sereine :
> le monde devenu lumineux se dilate
> et brûle à jamais un de ses angles. »
>
> Valerio MAGRELLI,
> *Ora serrata retinae*[1].

Oui, et alors, comment traduire du grec dans notre langue ? *Qu'est-ce que ça veut dire ? Comment fait-on ?* Telles sont les questions que m'ont le plus souvent posées les jeunes gens à qui j'ai donné des cours de grec. Et comme par hasard, ce sont les mêmes questions que je posais au professeur lorsque j'étais moi-même élève.

---

1. Valerio Magrelli, *Ora serrata retinae*, traduction et préface de J.-Y. Masson, Devesset, Cheyne (« D'une voix à l'autre »), 2010, p. 21. *(N.d.T.)*

Nous pourrions dire que ce sont des questions séculaires, voire millénaires, qui plongent leurs racines dans le moment exact où l'on a cessé de *comprendre et se faire comprendre en grec ancien*, et que l'unique manière de le comprendre était désormais la traduction (communément appelée du nom désuet de « version », allez savoir pourquoi). Peut-être est-ce là un constat de plus, un énième certificat – comme si c'était nécessaire – de décès des langues classiques. Toutes les langues étrangères *se traduisent*. Le latin et le grec *se tournent*, c'est-à-dire qu'elles font l'objet de « versions ».

Le mot « version » vient du verbe latin *verto*, qui signifie « adresser », « changer », « transformer » et donc aussi « traduire ». « *Verti etiam multa de Grecis* (j'ai traduit du grec nombre de textes)[1] », nous fait savoir Cicéron dans ses *Tusculanes* (II, XI, 26). Le verbe « traduire » vient du latin *traduco* qui signifie *transférer*, *dévoiler*, *conduire au-delà*. Et donc *emmener ailleurs*.

C'est précisément cette dernière signification qui constitue l'objectif profond de la traduction (ou de la version) de n'importe quelle langue : conduire le sens au-delà de la barrière linguistique du signifiant. Une traduction n'est jamais l'œuvre originale, mais elle est un *chemin vers son sens original*. Le résultat est une *rencontre*, comme lorsque l'on tombe sur quelqu'un : il était au loin et il se retrouve d'un coup tout près. Cela vaut aussi pour le grec ancien, même si personne ne le parle plus.

---

1. Cicéron, *Tusculanes*, t. I, livres I-II, texte établi par G. Fohlen et traduit par J. Humbert, cinquième tirage revu et corrigé par C. Rambaux, Paris, Les Belles Lettres (CUF), 1997. *(N.d.T.)*

La traduction est un parcours, pas à pas, afin de se rapprocher le plus possible du sens d'une langue qui n'est pas la nôtre et qui ne le sera jamais. Un *voyage* vers une langue qui possède des particularités qui la rendent unique et spéciale, mais que nous *ne percevons pas* parce que nous en sommes linguistiquement dépourvus. Et nous sommes donc contraints de *traduire*, de nous mettre en chemin vers l'ailleurs – et vers l'autrement dit.

Pour arriver au bout de ce voyage de la traduction, dont nous ignorons à chaque fois la destination exacte, il faut, c'est incontestable, une parfaite connaissance de la langue ; et donc de l'étude, de la sueur, de l'effort, de la ténacité.

Mais il est fondamental aussi d'avoir une certaine oreille *pour percevoir* ce que la langue est en train de nous dire depuis un passé certes révolu, mais non disparu ; sinon, à quoi bon étudier une langue dont tout le sens serait perdu ?

Il faut se familiariser avec elle, il faut de la constance, de la confiance en soi et dans la langue. Parce qu'un texte *parle*, il suffit de l'écouter (non, je ne souffrais pas d'hallucinations, pas plus que je n'eus de révélation mystique quand, face à un devoir en classe – le matin à 8 heures, forcément –, je dus choisir : vaincre le grec ou succomber. Ce fut alors que je compris que l'unique façon de progresser était de *penser comme pensaient les Grecs.* C'est là, depuis plus de quinze ans, ma méthode et mon conseil premier, le plus important, pour affronter toute traduction ou version, quel que soit le nom qu'on lui donne).

La première réaction de tout lycéen face à un texte grec va de l'effroi à la terreur, à la panique. *Cinquante nuances d'angoisse*. Tous ceux qui ont fréquenté le lycée classique savent bien de quoi je parle. Ceux qui ne savent pas auront peut-être eu d'autres craintes à l'école : la peur des équations, du dessin technique, de la nomenclature chimique, de l'anglais. Avec tout le respect qui leur est dû, toute la *crainte*, justement. Mais non le véritable effroi palpable que quiconque a étudié le grec a éprouvé au moins une fois dans sa vie devant un passage à traduire : la peur paralysante de ne pas comprendre. L'horreur de voir ces mystérieux signes graphiques imprimés (et *mal* imprimés : allez savoir pourquoi les textes des devoirs en classe sont toujours si flous et si pâles qu'ils semblent avoir été photocopiés directement sur les inscriptions d'Athènes) et de ne pas avoir la moindre idée de ce qu'ils signifient (je me souviens parfaitement qu'à la version du bac, j'ai passé plus d'une heure à fixer la feuille, la cervelle vidée peut-être à cause de l'hypoventilation due à l'air vicié de la salle et à la chaleur de juillet, sans réussir à bouger un muscle, pas même pour ouvrir le dictionnaire ; fort heureusement, je me suis ensuite reprise, autrement je ne serais pas là aujourd'hui pour vous le raconter).

En résumé, le grec est mort depuis un millénaire et il continue encore à provoquer une peur déraisonnée chez tous ceux qui l'approchent. Au point que j'en suis venue à penser que la terreur est une *conditio sine qua non* de l'étude du grec.

Un de mes amis les plus chers, âgé de quarante-trois ans, a eu la chance (ou la malchance) de m'accompagner dans l'écriture de ce livre, je lui dois beaucoup. Il m'a dit un soir, rendant les armes après l'un de mes envois : « Moi, je n'ai jamais rien compris au grec à l'école et je me sens mal rien qu'à recevoir tes chapitres ! » Une peur qui ne passe donc jamais, pas même à l'âge adulte. C'est dommage.

De très nombreux élèves me disent qu'ils se sentent intimidés face à la page à traduire parce que *l'alphabet est différent du nôtre*. C'est vrai, tout à fait vrai, mais l'alphabet est le *moyen de communication* d'une langue, et non la langue elle-même : c'est seulement un système graphique pour coucher les sons des mots sur le papier. Une fois que nous avons appris à le déchiffrer, ce qui se fait en général pendant le premier mois du lycée classique, nous le maîtrisons, il est devenu *nôtre* (et cela aurait pu être pire, l'alphabet grec est composé de lettres et non d'idéogrammes japonais ou des syllabes du Linéaire B mycénien !).

Beaucoup me disent aussi avoir peur parce que *les mots sont différents de ceux de notre langue, ils ne leur ressemblent pas*. Comment dire le contraire ? Il s'agit d'une autre langue, d'une langue étrangère. Mais est-ce que les mots anglais sont moins différents des nôtres ? Il n'y a qu'une façon de vaincre cette peur : le temps. La familiarisation. L'exercice. Plus souvent on rencontrera le même mot grec, plus élevées seront les probabilités qu'il nous reste en mémoire, qu'il devienne *nôtre*.

Et puis, à l'école, il y a la course contre le temps imparti à la traduction, directement proportionnelle à la course au dictionnaire. Moins l'on a confiance en soi et dans la langue, et plus l'on s'agrippe au dictionnaire comme des naufragés à un radeau perdu dans l'océan. Il est vrai qu'au début, les mots grecs que l'on connaît sont en nombre restreint et que le dictionnaire est fondamental. Toutefois, une utilisation *folle et désespérée* du dictionnaire grec peut à la longue se révéler contre-productive, voire risquée. Contre-productive, parce que tout dictionnaire ne comporte qu'une palette réduite de significations pour chaque mot (vous n'avez jamais trouvé que c'était une cage à sens ?). Et si nous ne sommes pas capables de nous approprier le sens de quelques mots du grec ancien, nous resterons éternellement agrippés au dictionnaire, en nous éloignant toujours plus de la langue, comme un naufragé qui refuse d'abandonner le radeau pour s'en remettre au navire qui s'avance à sa rencontre.

Le dictionnaire peut même être dangereux. Les élèves, pris de panique, ont si peu confiance en eux qu'ils en arrivent à éplucher la traduction de chaque entrée, page par page (et ce faisant, le temps imparti à la version passe inexorablement, bien souvent au son du tic-tac de l'horloge triste et impitoyable, offerte à l'école par la banque du coin). Ils ne parviennent jamais à croire que le sens d'un mot puisse être vraiment le premier, le plus commun et le plus simple, donné par le dictionnaire, et ils finissent par choisir le dernier qui est peut-être une expression de jargon utilisée une seule fois par un poète d'une île lointaine, complètement disparu des mémoires.

Que ce soit clair, je ne suis pas en train de conseiller de se débarrasser du dictionnaire ou de le revendre, vu son prix (combien y-a-t-il encore aujourd'hui, en 2016, d'adolescents qui ne peuvent pas *financièrement* se permettre l'inscription au lycée classique ? J'ai connu beaucoup, beaucoup trop d'élèves dont les familles, abandonnées à leur sort par l'école publique, avaient des difficultés à acheter les recueils de textes et les dictionnaires, et à payer des cours particuliers). Je suggère plutôt de ne pas en rester l'otage. De ne pas contrôler chaque virgule, chaque mot, *par sécurité* (même si, je l'admets, je le faisais aussi, du moins au début). D'avoir confiance en ce que l'on a appris. Et surtout, de ne jamais considérer la traduction comme un processus mécanique binaire : A en grec devient B en italien ou en français*. Si tout était aussi plat et prévisible, avec le bon dictionnaire sous la main, nous pourrions traduire n'importe quelle langue du monde : nous savons bien qu'il n'en va pas ainsi depuis l'époque de Babel, à moins que l'on ne considère comme une *traduction* la combinaison de mots mis les uns à la suite des autres générée à coups de *Google Translate*.

En résumé, pour traduire le texte, pour se rapprocher le plus possible de ce qu'il signifie, il faut parfois des mots en plus, parfois en moins, en passant du grec à l'italien ou au français*. Il faut toujours *percevoir* ce que le texte dit, pour le dire ensuite dans notre langue.

« Vous connaissez tous les mots grecs ? » me demandent souvent mes élèves stupéfaits ; en même temps, c'est moi qui suis stupéfaite que, pour la simple raison que je connaisse le grec, ils me *vouvoient* et me traitent sans appel de *vieille* (cela m'arrivait aussi quand j'avais vingt ans). Non, certainement pas. Je ne connais pas tous les mots grecs, même si je suis diplômée du lycée classique avec mention, de lettres classiques avec mention, et que j'ai traduit un bon nombre de textes. D'ailleurs, avec toutes les variétés dialectales caractéristiques de la Grèce antique, *sans doute qu'un Grec lui-même ne connaissait pas tous les mots grecs.*

Si bien que, encore aujourd'hui, j'utilise le dictionnaire, et cela fréquemment. En toute franchise, je déclare ici officiellement que je ne me souviens pas non plus de tous les innombrables détails de la grammaire et de la syntaxe, et que je consulte donc souvent les manuels sans le moindre dédain (contrairement à certains prétendus universitaires qui, on ne sait pourquoi, ont fini par détester leur métier, et, par la même occasion, eux-mêmes et les autres).

À l'université, j'ai passé un examen qui prévoyait expressément une épreuve de traduction du grec *à livre ouvert* : je me garde bien, la plupart du temps, de raconter cette anecdote à mes jeunes élèves pour ne pas leur donner le coup de grâce. L'examen consistait en la traduction *improvisée*, c'est-à-dire sans l'aide du dictionnaire, à haute voix et en quelques secondes, d'un extrait en grec tiré au hasard parmi toute la littérature grecque. Je répète : un extrait tiré au hasard parmi toute la littérature grecque. Puisqu'il était exclu d'apprendre par cœur toute la littérature grecque, il ne restait donc qu'une seule façon de réussir l'examen : abandonner l'apprentissage par cœur, et s'en remettre à la familiarité acquise avec la langue et à l'intuition. Je ne peux pas dire aujourd'hui que ce fut chose facile, mais je ne peux pas dire non plus que ce fut un drame : la peur que j'éprouvai fut certainement moindre que celle ressentie devant n'importe quelle version du lycée. Parce que s'étaient écoulées entre-temps presque dix années d'études du grec et que la langue était devenue *mienne*, ou du moins un peu.

J'ai très bien réussi l'examen même si je ne connaissais pas tous les mots du texte que le professeur m'avait mis sous les yeux : c'était un extrait de Lucien parlant du voyage de l'homme sur la lune, impossible de l'oublier. Il se passa simplement ce qui se passe couramment lorsque l'on parle une langue étrangère et que le sens d'un mot nous échappe tandis que celui de tous les autres colle : le sens du mot manquant est évalué par intuition, en se rapprochant au plus près de l'original.

Une fois compris le sens de la phrase, le cap est franchi pour s'approcher du sens de chaque mot.

Les problèmes commencent lorsque l'on ne comprend pas du tout le sens du texte. Ou plutôt, lorsque l'on ne lit même pas le texte, effrayés que nous sommes par l'alphabet ou terrorisés à l'idée de perdre du temps. On se jette alors sur la traduction du premier mot, puis de tous les suivants dans leur ordre exact, quel qu'il soit, pour ensuite les recombiner dans notre langue comme les couleurs d'un Rubik's Cube, et donner (ou inventer) un sens à l'extrait.

Je sais que tous les enseignants conseillent de lire la version avant de commencer à traduire et qu'aucun élève ne le fait (je ne le faisais pas non plus au lycée, je ne peux pas commencer à vous mentir maintenant). Lorsque je me suis demandé et que j'ai demandé à mes élèves la raison de ce grand refus, la réponse était presque toujours la suivante : « De toute façon je ne comprends rien, ça ne me dit rien, ça ne sert à rien de le lire. »

Mais voilà, se lancer dans la traduction d'une langue que l'on étudie depuis un, deux, voire cinq ans, avec la conviction de ne rien comprendre, et d'avoir devant soi un texte muet, ce n'est pas partir du bon pied. J'en ferais une question solennelle de respect : envers soi-même, envers la langue, et envers le temps passé à l'étudier. Et pourtant, c'est bel et bien ce qui se passe presque à chaque fois. Je n'ai jamais vu de regards plus hagards que ceux que je reçois en réponse aux questions du genre « ἀρχή (qui se prononce "arkhé") ou γράφειν (qui se prononce "graphein"), à quels mots cela vous fait-il penser ? Ça ne vous évoque vraiment pas des termes comme "archéologie" ou "graphisme" ? » Oui, vraiment. C'est-à-dire non, cela n'évoque rien. La barrière de l'alphabet – et, selon moi, de l'intimidation que provoque le grec – engloutit dans le néant toute résonance avec notre langue. Et c'est ainsi que, *convaincus de ne pas comprendre*, nous renonçons dès le départ à vouloir comprendre.

La devise socratique « Je sais que je ne sais pas » devient l'alibi et le refuge de tous les élèves. J'aurai cependant la hardiesse de les contredire : vous savez ! Vous savez lire le grec, vous savez beaucoup de choses et vous connaissez d'innombrables règles. Par l'étude, la langue est en train de devenir *vôtre*. Vraiment, les virgules, les points, les verbes les plus communs ne vous disent rien de rien ? Je ne peux pas le croire, je refuse de le croire.

Ayez confiance en vous et en ce que vous savez, c'est vraiment une question de respect.

Les règles de grammaire sont une autre source de panique aveuglante. Avant même de lire le texte, nombreux sont les élèves qui repèrent telle ou telle construction qu'ils savent avoir oubliée ou ne pas avoir étudiée correctement ; et, désespérés, ils abandonnent alors toute tentative de comprendre le reste du passage.

Avant tout, faisons place nette : tout texte, qu'il soit en grec, en latin, en italien ou en français, n'est pas une simple somme de règles grammaticales à résoudre. Ce n'est pas un quizz avec des lots à remporter, ni une équation mathématique, ni un rébus. Tout texte existe parce que son auteur a ressenti la nécessité d'exprimer, de raconter *quelque chose*. Et ce *quelque chose*, ce n'est certainement pas la règle de grammaire que vous avez oubliée.

En traduisant avec les élèves, j'ai souvent entendu de leur bouche des règles de grammaire si précises et impeccables – par exemple « c'est un verbe impersonnel qui exige bla bla bla... et que l'on rend dans notre langue par la périphrase bla bla bla... » – qu'elles feraient pâlir d'envie un moine byzantin, un linguiste et un membre de l'Accademia della Crusca[1] mis tous ensemble. Encore une fois, je ne dis pas que connaître la grammaire sur le bout des doigts soit une erreur, bien au contraire, cela me fait grand plaisir (et j'en suis même un peu jalouse, car je ne la connais plus aussi parfaitement). Ce qui est une erreur, en revanche, c'est de considérer la grammaire comme la *fin* de la traduction et non le *moyen*. Connaître les règles d'une langue est la base indispensable pour donner sens et signification aux textes qui sont écrits dans cette langue. Mais les règles ne sont pas la langue. Vous ne vous souvenez pas de telle ou telle règle ? Tant pis, la prochaine fois, vous

1. Société savante fondée à Florence en 1583, rassemblant des spécialistes de la linguistique et de la philologie italiennes, et dont les missions de défense de la langue sont comparables à celles de l'Académie française. *(N.d.T.)*

étudierez un peu plus, et pour cette fois-ci, ce ne sera pas parfait, vous n'aurez pas 20 sur 20, et c'est tout.

Mais en attendant, de grâce, essayez de comprendre ce que dit *le reste* de l'extrait en grec sans vous sentir coupables, incapables, ignorants ou ratés.

Encore une fois, c'est une question de respect : le texte a tant de choses intéressantes à vous dire, allez les chercher, creusez pour les refaire surgir à la surface et les dire à *votre* manière.

Un autre problème, et non des moindres, est la connaissance de l'histoire, de la culture, de la civilisation, de la politique grecques à quatorze, quinze ou seize ans.

C'est facile pour nous, à présent, de nous immiscer dans la vie des lycéens (ou, plus facile encore, dans notre passé de lycéen) pour leur dispenser un ou deux conseils, lâcher des jugements, les encourager à étudier davantage, et ensuite retourner tranquillement sur notre canapé lire nos livres, nos journaux, écouter notre musique, dont le sens et le langage sont ceux d'*adultes* (du moins ils devraient l'être, mais nous vivons apparemment une époque où la maturité n'arrive jamais et où l'on est encore *jeune* à quarante ans, alors qu'à quarante et un an, on devient, d'un seul coup, *vieux*).

Malgré tous les efforts déployés en vue d'une meilleure compréhension du monde grec dans sa globalité, et pas seulement de sa langue, de la part des nouveaux recueils de textes et de quelques enseignants éclairés, le programme scolaire de l'histoire grecque n'avance pas au même rythme que celui de la traduction. Et puisqu'au lycée on doit (ou on devrait) apprendre toute l'histoire de l'humanité, il est inévitable qu'il n'y ait qu'un seul mois, peut-être deux, consacré à l'étude de la Grèce antique. Il en va de même pour la littérature, l'histoire de l'art, la philosophie et la géographie (si du moins celle-ci est encore une matière au programme, je ne m'en souviens plus).

Par conséquent, la connaissance qu'un adolescent de quinze ou seize ans peut avoir de l'Antiquité grecque est extrêmement limitée et insuffisante pour comprendre, ou pour ne pas trouver *bizarres* ou mystérieuses ces versions qui parlent de tactiques militaires, d'oracles, d'usages religieux, de mythologie, de politique. Mais il n'est pas dit non plus que beaucoup d'adultes en sachent autant, je peux même vous affirmer catégoriquement que ce n'est pas le cas. Combien de fois m'a-t-on dit : « Mais qu'est-ce que ça raconte ? », devant des textes qui parlent de choses désormais banales pour moi, mais qui sont obscures pour un adolescent, et c'est bien normal…

D'ailleurs, est-ce vraiment si naturel qu'à quinze ans, le soir au pub avec des amis, on utilise l'expression : « Eh, j'ai une épée de Damoclès au-dessus de la tête ! » et que l'on connaisse l'origine de cette expression ? Non, je ne crois pas du tout. C'est pour cela qu'un élève, devant un texte qui parle de Damoclès, de l'oracle de Delphes ou de Périclès affrontant la peur de l'éclipse, n'a pas la moindre référence historique ou sociale sur le sujet évoqué. Sans parler des passages sur la guerre qui sont, d'après un sondage tout à fait personnel, les plus détestés par les élèves, moi comprise : une dizaine de lignes extraites des très longs – et magnifiques – livres d'histoire de Xénophon et de Thucydide. Le sujet est presque toujours un pronom générique *ils* (qui ils ? les Athéniens ? les Grecs ? les Perses ? les barbares ?) et l'objet est un pronom générique *eux* (eux qui ? *idem*). Une dizaine de lignes qui parlent de campements, de tactiques militaires, d'armes, de sièges, de stratèges, de sacrifices et qui, même traduites à la perfection, laissent toujours une question en suspens : de qui sommes-nous en train de parler ? Qui peuvent bien être ces gens qui perdent et ces gens qui gagnent ? Mystère.

Puisque c'est un chapitre dans lequel je parle beaucoup de mes élèves et de mes amis en mettant leurs peurs à nu, je suis, hélas, moralement tenue d'en faire autant pour moi-même.

Je me vois donc dans l'obligation de vous raconter l'un des pires épisodes où je me suis ridiculisée au lycée, si ignominieux que je n'en ai pas dormi pendant deux semaines, et puis j'ai décidé de le refouler et de ne jamais le dire à personne, comme si ce n'était jamais arrivé. Mais c'est bel et bien arrivé, et comment ! Je vide mon sac aujourd'hui pour montrer combien il est important de connaître le monde antique dans son ensemble, au-delà de sa langue, de sa grammaire et d'une certaine sensibilité linguistique. Soyez indulgents, je vous en prie. Ne soyez pas trop sévères pour ce qui est l'un des pires traumatismes de mes jeunes années au lycée classique.

Dernier contrôle de version (de latin, dans le cas présent, mais cela vaut aussi pour le grec) de la première année de lycée classique. Celui où tout se joue, y compris le droit de passer un été serein au bord de la mer Tyrrhénienne, sur le sable et surtout avec les méduses.

Le titre du devoir en classe, écrit en gras et en italien, est *Il ratto delle Sabine* (l'enlèvement ou le rapt des Sabines). Suivi du texte à traduire. Alors âgée de quinze ans, j'étais plutôt forte en latin : la situation était donc sous contrôle, bien sûr…

Le problème, c'est que je n'avais de ma vie jamais entendu parler de ces Sabines : qui étaient-elles ? Qu'est-ce qui avait pu leur arriver ? En revanche, je savais très bien ce qu'était un *ratto* (un rat), puisque j'habitais à la campagne : une souris bien laide avec une longue queue et des yeux rouges.

Je commençai donc à traduire, crânement, mais à la fin, le sens du texte ne collait pas. Non, cela ne collait pas du tout. On aurait dit un salmigondis de mots ou encore une audacieuse expérience d'écriture dada. Les *Sabines* et les *rats* semblaient n'avoir rien à faire les uns avec les autres. Bizarre, me dis-je, très bizarre. À la fin du temps imparti, je rendis ma copie, dubitative et penaude.

Quelques jours plus tard, elle me fut rendue avec un beau 3 dessus au stylo rouge et un traumatisme dont je ne me serais jamais remise, si je n'avais pas fait la paix avec mes fautes grâce à l'ironie (et cela m'aura pris quinze ans, à bien y regarder, parce que ce moment de *faire la paix avec mes fautes grâce à l'ironie*, c'est précisément maintenant).

Que s'était-il donc passé en ce jour d'infamie de la fin du mois de mai ? Je n'avais jamais entendu parler de cette anecdote de Romulus, le fondateur de Rome, qui s'était trouvé à court de femmes pour procréer et donner une descendance à la cité, et avait enlevé celles des peuples voisins, parmi lesquels les Sabins : l'idée que le titre pouvait signifier *l'enlèvement des Sabines* ne m'effleura même pas l'esprit ce jour-là. Et, me fiant au titre italien (et à ma naïveté confondante), je ne me doutai pas un instant que *raptum* ne signifiait pas du tout *rat* en italien, mais *rapt*, du participe du verbe latin *rapio*. C'est ainsi que, comble d'outrage à leur mémoire, je confondis ces pauvres femmes avec des rats. Quelle honte.

À ma décharge, je peux timidement tenter une justification : pourquoi le titre italien était-il *Il ratto delle Sabine* (le rapt des Sabines) ? Ne pouvait-on pas écrire directement *rapimento* (enlèvement) pour éviter de créer toute ambiguïté dans les petites têtes d'adolescents de quinze ans déjà prêts pour les vacances à la mer ? Combien d'Italiens utilisent aujourd'hui le mot *ratto* dans le langage courant pour désigner autre chose qu'une souris ?

Mais c'était entièrement de ma faute, j'en demande encore pardon, je l'implore, même : je ne savais presque rien de la fondation de Rome, à quinze ans personne ne m'avait jamais expliqué les légendes qui l'entourent. J'étais ignorante, au sens étymologique du terme : *j'ignorais*. Je demande donc encore pardon à tous, surtout aux Sabines, et je le demanderai encore toute ma vie.

Une remarque pour finir sur ce point.

Au lycée classique, on traduit uniquement des passages extraits des œuvres de prosateurs, de Platon à Plutarque, d'Ésope à Xénophon, de Thucydide à Aristote. Chacun d'entre eux, comme chacun d'entre nous, écrit d'une manière unique et distincte, *personnelle*. Encore une fois, il faut du temps, de la patience et de l'exercice pour s'habituer à reconnaître les particularités d'expression de chaque auteur : le temps nécessaire pour apprendre à percevoir linguistiquement la *voix* de celui qui écrit et à la rendre au mieux dans notre langue. Il ne s'agit pas de formes différentes de grec, mais de manières différentes d'utiliser le grec.

Platon s'exprime, en toute liberté, d'une manière complètement différente de Thucydide, justement parce qu'il *est* Platon ; de même que de nos jours Dave Eggers emploie l'anglais américain de manière complètement différente de son compatriote et contemporain Jonathan Franzen, et l'on ne peut aimer un livre d'Orhan Pamuk, sans le trouver extrêmement ennuyeux, que si l'on prend en considération la *lenteur* comme une caractéristique propre à la manière de vivre, et donc d'écrire, turque.

Si, à l'école, on traduit, ou plutôt on *manipule*, uniquement la prose grecque, cela revient à ce que la poésie en reste exclue. Et par là, j'entends non seulement la poésie lyrique d'Alcée, de Sappho et de Pindare, mais toute l'épopée, la comédie et la tragédie, où se cachent vraiment les clés de l'être grec.

Quelle chance ! diront les élèves. Quel dommage ! dis-je pour ma part, ils ne savent pas ce qu'ils perdent, et ils ne le sauront sans doute jamais, vu que les probabilités qu'ils s'inscrivent en lettres classiques à l'université sont infimes. La poésie grecque est abordée comme un genre littéraire éthéré, pas question d'y mettre les mains, même pas d'y tremper le bout des doigts. Certes, sa traduction est dix fois plus difficile que celle de la prose, mais dix fois plus riche de sens. Au mieux, durant toute une année, souvent la cinquième et dernière année du lycée classique, on traduit une tragédie en entier, vers après vers : dans mon cas, ce fut *Œdipe roi* de Sophocle. Ce fut une expérience laborieuse, mais si précieuse et pleine de vie, qu'*Œdipe roi* est resté l'une des tragédies grecques les plus chères à mon cœur, en plus d'être resté dans ma tête et « dans la langue ».

Il y a une belle différence entre lire un auteur et *entendre parler* d'un auteur. J'aurais beau être tout ce qu'il y a de plus livournaise pour vous parler de Caproni[1], cela ne pourra jamais être qu'un *récit*, justement : la beauté de ses poèmes, et de son être, est renfermée dans ses vers. C'est pourquoi je reste un peu déconcertée face aux nombreux manuels de littérature grecque qui *parlent* de la poésie, *sans la montrer*. Les élèves seront toujours privés de l'un des usages les plus intimes et profonds de la langue grecque : tant pis si c'est « difficile », on apprend aussi et surtout une langue pour cela, pour comprendre les perspectives les plus complexes sur le monde, et pas seulement les plus faciles.

Aujourd'hui encore, je souris et je frissonne tout à la fois au souvenir de mon manuel de littérature grecque du lycée qui, non content de raconter la vie, la mort, les œuvres et les miracles de chaque auteur, en *illustrait* aussi le style : comment peut-on apprendre le style de textes que l'on n'a jamais lus et que l'on ne lira jamais ? C'est comme décrire en détail un tableau que personne ne verra jamais. Je n'oublierai jamais ma perplexité face

1. Giorgio Caproni (1912-1990) est un poète, critique littéraire et traducteur italien originaire de Livourne. *(N.d.T.)*

à la définition du style d'Eschyle : « un style raide et escarpé ». Qu'est-ce que cela peut bien vouloir dire ? me demandais-je à seize ans, comme je me le demande aujourd'hui à trente et comme je me le demanderai peut-être à quatre-vingts. Qu'est-ce que peuvent bien signifier ces deux adjectifs que je verrais mieux qualifier un sentier de trekking que les vers d'un poète ? Je ne l'ai compris, comme vous ne le comprendrez, qu'en lisant Eschyle pour de vrai, en grec – ainsi que tous les autres auteurs – dans leur langue, si vous en avez le courage et la chance.

Regardons donc de plus près, *en acte*, comment traduire.

Je n'ai pas de recette magique ni de solution miracle : tout ce que vous avez lu jusqu'ici, ce ne sont que des conseils très personnels, fruits de l'expérience et du temps. De beaucoup de temps. Un peu comme les remèdes de grand-mère pour affronter tous les maux, l'héritage d'un savoir accumulé patiemment durant toute une vie.

Il faut préciser qu'il y a une grande différence entre traduction libre et traduction scolaire. À l'école, c'est presque toujours la seconde qui est exigée ou privilégiée : la fidélité absolue au texte et par conséquent l'abdication de toute liberté. C'est certes plus raisonnable lorsque l'on manie la langue grecque depuis trop peu de temps pour l'utiliser à des *fins personnelles* ; et c'est déjà assez pénible d'exprimer l'intention de l'auteur en grec, alors, vous pensez, quand il s'agit de s'exprimer soi-même à travers le grec !

Ce qui compte, en tout cas, est la distance qui sépare

une traduction correcte d'une traduction erronée. Une traduction scolaire est donc bonne et juste, du moment qu'elle ne devient pas une prison. Une cage de fer qui rend le grec dans une langue incrustée de rouille.

Le grec est une langue synthétique, c'est-à-dire une langue qui, à l'aide d'un seul mot, exprime les relations grammaticales, depuis les cas des noms jusqu'aux constructions verbales. Le grec, en fin de compte, ne ressent pas le besoin de trop expliquer : de nombreuses constructions sont implicites, impersonnelles, le sens est contenu dans un préfixe ou une désinence. C'est une langue presque épigrammatique, c'est sans doute pour cela qu'elle a inventé le genre littéraire de l'épigramme.

Les particules

Les textes grecs sont truffés de particules difficiles à traduire, comme le savent bien tous les élèves : les plus répandues sont sans doute μέν, δέ, γάϱ comme dans l'exemple donné ci-après, ou δή. La raison de leur fréquence est, à l'origine, l'absence en grec des signes de ponctuation communément utilisés en italien et dans les autres langues contemporaines : ces signes, ainsi que les accents, furent ajoutés plus tard, à l'époque byzantine, pour faciliter la compréhension des textes écrits dans une langue qui était en train de devenir toujours plus floue. Les particules abondent dans les textes grecs parce qu'elles prenaient ainsi en charge le rôle de la ponctuation moderne. C'est d'elles que dépendait la scansion logique de la phrase et elles avaient donc une très grande importance sémantique. Mais le problème, c'est qu'elles sont bien souvent parfaitement intraduisibles dans nos langues.

Μέν et δέ sont sans doute les plus fréquentes, et aussi les plus difficiles à rendre. Elles se trouvent presque toujours à quelques mots ou quelques phrases de distance l'une de l'autre, et sont liées par une corrélation de sens logique : μέν indique en général le premier point d'une argumentation et δέ tous les points suivants rattachés au premier. Ces deux particules servaient à tenir le fil du discours : leur utilisation est typique dans les descriptions, les narrations, et les tractations. Dans les traductions, je conseille d'éviter, à moins que ce ne soit strictement nécessaire, le trop lourd « d'une part… / d'autre part… » : μέν et δέ reviennent si souvent que l'on finirait par avoir un texte rempli de « parts » opposables. Si l'on considère que μέν est un point fixe, le premier point, on peut ne pas le traduire (je ne le traduis presque jamais). Δέ peut être rendu par « tandis que », « en revanche » ou bien simplement par une virgule, précisément pour indiquer la progression du discours. Si elles sont isolées, c'est-à-dire non corrélées, μέν signifie habituellement « certainement » et δέ conserve sa nuance d'alternance, qui peut être rendue simplement par « toutefois ».

La particule γάϱ est aussi très fréquente : placée d'ordinaire en début de phrase, comme c'est le cas dans l'extrait de Xénophon, elle indique l'explication d'une idée exprimée précédemment (mais il arrive souvent que cette *idée* ne se trouve pas dans la version extraite du texte original, créant ainsi des malentendus sur ce dont il est effectivement question). On peut la traduire par « donc », « en effet », ou bien la passer sous silence.

Pour finir, δή met l'accent sur le mot qui précède et ajoute de l'intensité : il peut se traduire par « précisément », « justement ».

Voilà pourquoi l'un des risques principaux d'une traduction trop scolaire est d'engendrer un texte encore plus obscur et incompréhensible que le grec. En laissant les participes implicites, les infinitifs à l'infinitif, les pronoms tels quels, certaines traductions sont si scolaires qu'elles auraient besoin à leur tour d'être traduites. Difficile, presque impossible, de convaincre les élèves de se laisser aller, de se donner un peu plus de liberté et d'être moins crispés ; l'angoisse de se tromper, la peur de faire un choix libre qui pourrait *déplaire* au professeur (le grec n'est pourtant pas une question de goût !), la panique à l'idée d'expliciter ce que l'on n'a pas compris : voilà les raisons qui les poussent à sacrifier sur l'autel de la correction grammaticale toute prétention à vouloir dire quelque chose qui ait un sens dans leur propre langue.

Avec un alpha tout disparaît : l'α privatif

Le sens littéral d'ἀφθόνους, qui apparaît dans l'extrait de Xénophon ci-après, est « sans envie » et donc, au sens figuré, « abondant », « généreux ». L'adjectif est en effet formé de ἀ + φθόνος, « la médisance », « l'envie ».

Nous voyons là en œuvre un exemple de l'une des particularités les plus géniales du grec ancien : il suffit d'une lettre, l'alpha, α, pour ôter, pour nier le sens et le transformer en son opposé. C'est ce que l'on appelle l'alpha privatif, en grec στερητικός, « qui a valeur négative » : aucune langue n'a jamais employé un instrument aussi simple et aussi radical pour transformer le sens d'un mot en son contraire.

La voyelle alpha, placée devant un nom ou un verbe, en nie et en exclut totalement le sens originel en le transformant en un nom ou un verbe complètement différent, comme c'est le cas de l'adjectif évoqué ci-dessus. Grâce à cette caractéristique du grec, chaque mot pouvait donc se transformer en son contraire par le seul ajout de la lettre α : le vocabulaire à la disposition du locuteur était ainsi multiplié par deux, avec une variété infinie de significations disponibles pour exprimer (ou nier et transformer) la réalité. L'alpha privatif peut donc, selon les cas, indiquer l'absence, comme ἀκέφαλος, « sans tête » ; la privation, comme ἄπολις, « sans patrie » ; la négation, comme ἄβιος, « invivable ».

L'utilisation d'*a-/an-* avant les mots pour indiquer la privation a survécu dans presque toutes les langues indo-européennes où elle est courante : nos langues utilisent en alternance l'*a-* d'origine grecque, comme par exemple dans « amoral », et l'*in-* d'origine latine, comme dans « incivil ». Toutefois, l'emploi des préfixes de négation est désormais presque toujours fixe et codifié dans des mots de sens précis, comme « analgésique », et qui n'ont donc pas de signification opposée.

La force originelle de l'alpha, une seule lettre capable de transformer le sens de presque chaque mot en le dédoublant, s'est donc perdue.

Une dernière remarque : les langues germaniques, comme l'anglais et l'allemand, emploient aussi fréquemment les préfixes de négation. Il suffit de penser au *un-* anglais : par exemple *unfinished* (*Unfinished Sympathy* est le titre d'une magnifique chanson de Massive Attack).

Et c'est ainsi que l'idée de traduire au sens d'« emmener ailleurs » s'évanouit : la signification du texte traduit reste aussi mystérieuse que l'original grec. Au lieu de *se mettre en chemin*, on est resté immobile, au même endroit.

Je me rends parfaitement compte que, pour traduire de manière libre, il faut avoir une certaine intimité avec la langue, une expérience et une assurance qui sont peu communes durant les premières des cinq années du lycée classique. Mais qui le sont peut-être un peu plus durant les dernières. Parce qu'il ne s'agit pas d'« inventer » – comme me disent mes élèves en frémissant –, mais de s'approcher tout près de la langue au point de l'*effleurer*.

J'ai choisi l'extrait ci-après de Xénophon connu des élèves italiens sous le titre « Aide-toi, le Ciel t'aidera » ; ce choix n'est pas le fruit du hasard, il résume au contraire tout le sens de ce chapitre insolite.

Afin de vous faire voir la différence, je l'ai traduit de deux façons : d'abord de manière littérale ou mot à mot, puis de manière très libre, mais toujours grammaticalement fondée.

Τῶν γὰρ ὄντων ἀγαθῶν καὶ καλῶν οὐδὲν ἄνευ πόνου καὶ ἐπιμελείας θεοὶ διδόασιν ἀνθρώποις, ἀλλ' εἴτε τοὺς θεοὺς ἵλεως εἶναί σοι βούλει, θεραπευτέον τοὺς θεούς, εἴτε ὑπὸ φίλων ἐθέλεις ἀγαπᾶσθαι, τοὺς φίλους εὐεργετητέον, εἴτε ὑπό τινος πόλεως ἐπιθυμεῖς τιμᾶσθαι, τὴν πόλιν ὠφελητέον, εἴτε ὑπὸ τῆς Ἑλλάδος πάσης ἀξιοῖς ἐπ' ἀρετῇ θαυμάζεσθαι, τὴν Ἑλλάδα πειρατέον εὖ ποιεῖν, εἴτε γῆν βούλει σοι καρποὺς ἀφθόνους φέρειν, τὴν γῆν θεραπευτέον, εἴτε ἀπὸ βοσκημάτων οἴει δεῖν πλουτίζεσθαι, τῶν βοσκημάτων ἐπιμελητέον, εἴτε διὰ πολέμου ὁρμᾷς αὔξεσθαι καὶ βούλει δύνασθαι τούς τε φίλους ἐλευθεροῦν καὶ τοὺς ἐχθροὺς χειροῦσθαι, τὰς πολεμικὰς τέχνας αὐτάς τε παρὰ τῶν ἐπισταμένων μαθητέον καὶ ὅπως αὐταῖς δεῖ χρῆσθαι ἀσκητέον· εἰ δὲ καὶ τῷ σώματι βούλει δυνατὸς εἶναι, τῇ γνώμῃ ὑπηρετεῖν ἐθιστέον τὸ σῶμα καὶ γυμναστέον σὺν πόνοις καὶ ἱδρῶτι. (Xénophon, *Mémorables*, II, 1, 28.)

Traduction littérale :

Les dieux en effet ne donnent aux hommes aucune des choses qui sont belles et bonnes sans effort ni zèle, mais si tu veux que les dieux te soient propices, il faut honorer les dieux, si tu veux être aimé de tes amis, il faut faire du bien aux amis, si tu désires être honoré par une cité, il faut être utile à la cité, si tu estimes opportun d'être admiré pour ta vertu par la Grèce entière, il faut essayer de faire du bien à la Grèce, si tu veux que la terre produise pour toi des fruits abondants, il faut cultiver la terre, si tu penses qu'il convient de s'enrichir par les troupeaux, il faut s'occuper des troupeaux, si tu veux devenir grand par les entreprises de guerre et si tu veux avoir le pouvoir de libérer les amis et de soumettre les ennemis, il faut apprendre les arts de la guerre auprès de ceux qui les connaissent et s'entraîner pour leur utilisation correcte ; mais si tu veux être fort aussi par le corps, il faut habituer le corps à s'assujettir à l'esprit et l'entraîner avec efforts et sueur.

Traduction libre :

Les dieux n'accordent rien de beau ni de précieux aux hommes sans effort ni ténacité. Si tu veux que les dieux te soient bienveillants, honore-les. Si tu veux être aimé de tes amis, fais-leur du bien. Si tu désires être honoré par une cité, fais de ton mieux. Si tu désires être admiré pour tes talents par la Grèce entière, tu dois t'évertuer à lui être utile. Si tu veux que la terre produise pour toi des fruits en abondance, cultive-la. Si tu penses t'enrichir avec le bétail, prends-en soin. Si tu veux exceller dans la bataille, si tu veux pouvoir libérer tes alliés et punir tes ennemis, il est primordial d'apprendre les techniques de la guerre auprès de celui qui les maîtrise et tu dois t'exercer pour en faire le meilleur usage. Et pour finir, si tu veux que ton corps soit vigoureux, tu dois le mettre au service de l'esprit et l'entraîner au prix de la sueur et de l'effort.

Les traductions sont toutes deux grammaticalement correctes, irréprochables. Mais laquelle des deux vous semble la plus proche de vous, la plus proche de nous ?

Il n'est pas sans intérêt d'observer l'héritage des cinq années passées à traduire du grec au lycée classique, dix, vingt ou trente ans après le bac. Je ne parle pas de l'héritage grammatical, mais de la marque indélébile que le maniement de cette langue ancienne laisse chez tout individu qui l'a étudiée.

On les reconnaît bien, la plupart du temps, ceux qui ont fréquenté le lycée classique (et pas seulement aux lunettes qu'ils portent presque toujours). On les reconnaît à leur façon de parler et d'écrire : signe tangible que le grec est *entré* en eux, dans leur façon de voir et d'exprimer le monde, et qu'il n'en est plus jamais ressorti. Outre la richesse de leur vocabulaire, inévitable lorsque l'on a passé cinq ans à étudier des mots, des mots, et encore des mots, des mots magnifiques – ainsi qu'une légère tendance à l'hypotaxe, c'est-à-dire à des discours compliqués, faits de longues subordonnées –, certaines manières de parler de la langue grecque non seulement survivent, mais *vivent* en ceux qui ont étudié le grec.

Primo, la corrélation. À force de traduire des textes où les idées sont mises en opposition logique (les Grecs adoraient ces mises en opposition pour renforcer la dominante logique de leurs discours !), les phrases de ceux qui ont bûché sur le grec sont souvent binaires et truffées de « d'une part… / d'autre part… », ou bien « non seulement… / mais encore ». Héritage évident de tous les μέν… / δέ… et des οὐ μόνον… / ἀλλὰ καί… rencontrés des centaines de fois dans les textes grecs.

Secundo, l'exigence de cohérence logique. C'est difficile, très difficile pour ceux qui ont sué sang et eau à suivre le fil des spéculations logiques imparables des dialogues de Platon, de se laisser aujourd'hui mener par le bout du nez par les manipulations d'un article de journal, par le discours palinodique d'un politicien, par un commentaire intempestif sur Facebook, ou par les instructions contradictoires d'un mode d'emploi d'Ikea.

Certains gardent le vice de l'étymologie grecque : pour ma part, je ne peux pas m'empêcher de *voir* que le mot « géographie » vient du grec et signifie « décrire la terre » ou que « téléphone » signifie « parler de loin ».

D'autres auront plutôt gardé le souvenir des guerres antiques, des phalanges, des tactiques militaires, des trirèmes, des campements, des barbares, des divinités et des héros ; ils se prennent à leur tour pour des héros lorsqu'ils regardent les *blockbusters* américains et qu'ils peuvent frimer auprès de leurs amis.

Pour finir, je n'ai pas de statistiques à fournir, mais

je crois que l'usage du point-virgule en italien a été sauvé de sa disparition définitive uniquement grâce à ceux qui ont fréquenté le lycée classique. Cinq années passées à traduire le signe de ponctuation grec « · » par « ; » laissent des marques, et pas qu'un peu.

L'étude du grec ancien laisse assurément son empreinte dans la manière de parler, d'écrire et de penser ; ou une certaine *étrangeté*, pourrions-nous dire. Et même si on ne l'a pas aimée sur les bancs de l'école, cette langue restera toujours nôtre, en nous, et aura tendance à ressurgir à la surface de manière fulgurante et dans des situations inattendues.

« Ça ouvre l'esprit », dit-on depuis toujours du grec ancien. Et c'est vrai, le lycée classique favorise beaucoup l'ouverture d'esprit : il ouvre grand les portes de l'âge adulte.

Avec ténacité et obstination, et une bonne dose de sacrifice, l'étude du grec à l'école apprend à décrypter les facettes de la vie et ses couleurs qui ne sont jamais blanches ou noires, contrairement à ce que l'on croit adolescent, quand tout est amour ou détestation, mais qui sont une palette dense et infinie de gris. La satisfaction, l'orgueil, la frustration, la déception que comporte l'apprentissage de cette langue facilitent par la suite la confrontation avec les joies et les douleurs du monde adulte.

Ce n'est pas seulement une question linguistique, mais une question d'attitude dans la vie : les jeunes gens qui ont dû se débattre avec des concepts plus grands qu'eux-mêmes savent mieux délimiter le périmètre de la peine et du bonheur, de l'effort et de l'ironie où ils devront se mouvoir dans le monde adulte. Peu importe qu'ils aient été des cancres ou des prodiges en grec. Étudier cette langue à un si jeune âge fait mûrir une aptitude aux choses humaines qu'aucune autre école – à mon avis – ne peut offrir. En un certain sens, fréquenter le lycée classique, c'est comme être le protagoniste (à son insu) des tragédies et des comédies grecques : là est renfermé le sens primitif et féroce de l'être au monde, et nous en faisons l'expérience sur nous-mêmes, nous les *disciples* ; tout en ne sachant jamais avec certitude s'il faut rire ou pleurer, s'il s'agit d'une victoire ou d'une défaite, si nous sommes tout près ou très loin, si nous avons vraiment compris ou pas du tout.

« J'ai aimé cette langue pour sa flexibilité de corps bien en forme, sa richesse de vocabulaire où s'atteste à chaque mot le contact direct et varié des réalités, et parce que presque tout ce que les hommes ont dit de mieux a été dit en grec », écrit Marguerite Yourcenar[1].

Il m'arrive parfois de penser que le lycée classique est une école *pour adultes*. C'est justement parce qu'il est difficile, qu'il rend la vie à venir plus facile. Peu importe que l'on choisisse d'oublier le grec juste après avoir rendu sa copie au bac, ou d'en garder le souvenir.

En revanche, je ne saurais dire si l'étude du grec facilite par la suite le parcours universitaire : mon exemple personnel ne vaut pas puisque j'ai choisi les lettres classiques. La plupart de mes anciens élèves affirment que c'est le cas, bien qu'ils se soient désormais consacrés à l'étude de l'économie, de l'odontologie, ou des

1. Marguerite Yourcenar, *Mémoires d'Hadrien*, Paris, Gallimard (Folio), 1977, p. 45. *(N.d.T.)*

langues étrangères ; il y en a même un qui est entré dans la marine, j'en ressens une grande fierté et aussi un léger pincement de jalousie. Ce dont je suis sûre, c'est que l'étude du grec contribue à développer l'aptitude à vivre, à aimer et au goût de l'effort, à choisir et à assumer la responsabilité de ses succès et de ses échecs. Et qu'elle contribue à nous apprendre à jouir des choses, même si tout n'est pas parfait.

Le grec et nous, toute une histoire

« [...] sur les ponts qui enjambent le fleuve
je découvrirai l'abri des mouettes
lasses d'avoir tant
voyagé.
Vous ne me reconnaîtrez pas, vous
qui sans un regard
gagnez votre demeure,
vous ne saurez jamais qui est la jeune fille
en exil qui coupe votre chemin et
sourit. »

Giuseppe CONTE,
« Automne, Artémis »[1].

Préambule : qu'est-ce qu'une langue ?

Toute *langue*, quelle qu'elle soit, est humaine, en chacun de ses mots. La *vie* d'une langue ne réside pas dans le fonctionnement de la *psyché* (les pensées

1. Giuseppe Conte, « Automne, Artémis », *Les Saisons*, traduction par J.-B. Para, Luzarches, Cahiers de Royaumont, 1989, p. 18-19. *(N.d.T.)*

individuelles) de celui qui parle, ni dans ses organes phonateurs (les lèvres, la gorge). La *vie* d'une langue réside dans les êtres humains qui s'en servent pour concevoir le monde et pour vivre en l'exprimant en mots ; la vie d'une langue réside donc dans la *société*.

Une langue, comme cela a été longuement analysé par Ferdinand de Saussure et Antoine Meillet, est un *fait social*, parce qu'elle exprime une certaine idée du monde unique et inimitable. Le langage sert aux hommes qui partagent cette idée du monde *à se faire comprendre et à être compris*. Une langue ne peut exister sans les hommes et les femmes qui la parlent et l'écrivent : si une langue existe mais qu'il n'y a plus d'êtres humains à l'utiliser pour s'exprimer, on dit alors que c'est une *langue morte*.

Mais la langue est aussi *immanente*, indépendante de l'individu singulier : il ne suffit pas qu'un seul individu modifie un mot pour que la langue de tous se transforme d'un seul coup. Chaque mutation linguistique est avant tout une mutation sociale : si la société qui parle cette langue se transforme, alors la langue se transformera avec elle.

La science qui étudie les langues et leurs mutations est la linguistique. Ce n'est pas une science exacte, mathématique ou naturelle, mais une science sociale. Puisque le sens de la langue ne réside pas dans un ensemble de règles, la linguistique contemporaine s'entremêle étroitement à l'archéologie, l'anthropologie, la statistique, la géographie sociale, l'ethnologie, l'économie, et surtout, à la sociologie.

Une langue, ce n'est pas de l'*ingénierie* : il est impossible de définir des lois irréfutables qui président à la transformation des mots, de même qu'il n'existe pas de lois inéluctables qui président à la transformation de chaque être humain.

On a souvent l'impression, lorsque l'on observe l'italien qui nous a précédés – celui de Pétrarque, de l'Arioste, de Manzoni ou de Calvino – qu'une langue se transmet simplement de génération en génération (il y en a trente, guère plus, qui séparent notre italien de celui de Dante Alighieri). Et l'on finit ainsi par croire que les mutations de notre langue – un mot qui disparaît, un qui apparaît, une syllabe finale qui s'évanouit, une syllabe initiale qui s'ajoute, des verbes oubliés et des verbes venus d'ailleurs, d'autres langues – ne sont que le fruit, ou un accident de parcours, de cette transmission mécanique de père en fils, de bouche en bouche.

Tous ceux qui ont vu un enfant apprendre à parler – quelle merveille ! – savent bien qu'il n'en est rien. Pas besoin de l'autorité d'une Académie pour démontrer qu'une erreur ou la fantaisie d'une seule personne ne suffisent pas à transformer une langue pour tous ses locuteurs : d'une bizarrerie individuelle ne reste jamais qu'un sourire. De la même manière, quiconque a déjà voyagé dans un pays étranger connaît la sensation d'exclusion, de confusion ou d'égarement que l'on éprouve à ne pas comprendre la langue du lieu : il ne suffit pas de balbutier un mot en italien pour transformer la langue des autres (là encore, il ne reste qu'un sourire, comme nos immigrés qui remercient après avoir reçu une insulte sans la comprendre ; et qui sait combien de fois cela nous est arrivé, à nous, voyageurs chics, *Lonely Planet* à la main).

La langue est donc l'instrument d'une civilisation et l'expression de la conscience unitaire d'un peuple. Non d'une nation : celle-ci n'arrive qu'après, avec les frontières verticales ou obliques tracées par on ne sait qui et on ne sait pourquoi sur la carte du monde (ou c'est peut-être à cela, justement, que servent les guerres et les religions). Un État ne suffit pas, pas plus qu'il n'est indispensable, pour former une langue commune. Pensons par exemple à toutes les langues de l'Inde, ou bien à l'arabe parlé du Maroc à l'Irak, ou encore à l'anglais parlé *partout*. Sommes-nous tous anglais pour autant ? Certainement pas.

La géographie politique n'a rien à voir avec la linguistique ; la géographie humaine, en revanche, si. Si l'unité nationale n'est pas suffisante pour former une langue commune, l'unité culturelle est cependant nécessaire.

Et si le sens de la langue réside dans la manière d'un peuple de concevoir le monde et de l'exprimer en mots, peut-être qu'aucune langue ne saura plus lumineusement que le grec illustrer cette vérité. Durant des millénaires, les Grecs n'ont été ni un *État* ni une *nation*, mais ont toujours été un *peuple*. Constamment poussés à mesurer leur langue à l'aune de leur conception de la vie, ils ont façonné, limé, aimé ou renié le *grec* en choisissant chacun de ses mots, en les préférant à ceux des peuples voisins, ou parfois usurpateurs, siècle après siècle, millénaire après millénaire.

Langue vivante, langue morte : le sens du grec est renfermé dans le regard, l'histoire et surtout la *manière de penser des Grecs*, de ce lointain d'où sont envoyées les cartes postales réunies en ce livre.

L'indo-européen

On connaît du grec son lointain « passé simple » : c'est une langue indo-européenne. C'est vrai, on dit toujours « indo-européen », pour expliquer – presque pour justifier ou excuser – la nature bien particulière du grec.

Mais qu'est-ce que cela signifie, exactement, une *langue indo-européenne* ? L'indo-européen est une langue dont il ne reste aucune trace et qui n'a jamais été écrite non plus : il n'en reste donc aucun témoignage, ni aucun souvenir du peuple qui l'a utilisée. Mais les concordances entre la plupart des langues de l'Europe (*toutes les langues européennes*, pourrions-nous dire, à l'exception de l'ibérique et du basque, de l'étrusque, du finnois, du hongrois et du turc) et les langues de l'Asie (l'arménien, l'iranien, les idiomes de l'Inde et le sanskrit) sont trop évidentes pour être le simple fruit du hasard. Les points communs entre presque toutes les langues, anciennes et modernes, qui s'étendent à travers l'Europe et l'Asie, montrent donc que nous sommes en présence d'évolutions d'une langue originelle plus ancienne : l'indo-européen.

Une fois la mémoire perdue, seule la reconstruction est possible : les notions que nous avons aujourd'hui de l'indo-européen sont le fruit d'études de linguistique historique précises en vue de recomposer les fragments de l'une des toutes premières langues parlées au monde et d'en approfondir la connaissance. Si une langue est la transformation d'une langue plus ancienne, cela signifie donc qu'ont existé, à une certaine époque, des êtres humains qui ont utilisé la même prononciation, le même vocabulaire, la même grammaire pour définir le monde : *pour se faire comprendre et être compris*.

Cependant, il n'y aura jamais, en aucun temps ni en aucun lieu, deux individus qui parlent et écrivent exactement de la même manière. Il est également impossible qu'une langue se transmette, immuable et inchangée, d'une génération à l'autre. Pouvons-nous dire que nous parlons exactement la même langue que notre grand-mère ? Ou que nous écrivons tous le même message, ou plutôt le même texto, pour souhaiter un anniversaire ? Pensez à quel point notre monde a changé – et avec lui les mots pour l'exprimer – en seulement cinquante ans, du domaine de la technologie à celui de la science, de la médecine à la politique. Pensez à tous les mots qui ont servi, en à peine un demi-siècle, à désigner des objets et des concepts nouveaux, *inédits*, *jamais dits ni pensés* en leur étymologie. Et, inversement, combien de mots ont disparu, désignant des objets et des concepts désormais oubliés, perdus, *obsolètes*, *défraîchis* et *fanés* en leur étymologie.

Enfin, les moyens de communication contribuent aussi à la transformation d'une langue, de la radio à la télévision, de la lettre au message électronique, jusqu'au règne et à l'idéologie des réseaux sociaux dans toute leur « machinerie multiforme ».

Dans le cas de l'indo-européen, la *même* langue parlée par le *même* peuple s'est modifiée au cours des siècles ; il en va ainsi pour toutes les langues.

Mais si les êtres humains ne maintiennent pas entre eux les mêmes liens sociaux et culturels que ceux qui les unissaient lorsqu'ils partageaient un langage commun, il n'y a alors plus un seul peuple, mais plusieurs peuples *différents*, avec des innovations linguistiques *différentes* et, par conséquent, des langues *différentes.* Il s'agit donc de langues qui, bien que dérivant d'une même *langue mère* (*indo-européenne*), sont *distinctes* dans la conscience de leurs locuteurs, précisément parce que sont *distincts* les peuples qui utilisent ces langues pour exprimer des sociétés tout aussi *distinctes* (et *distinctives*). Lorsque des êtres humains n'ont plus le sentiment de parler la même langue parce qu'ils ont conscience d'appartenir à des peuples *différents*, les différences linguistiques deviennent toujours plus grandes, immenses, et les langues se font *lointaines*, *distantes*.

C'est précisément ce qui est arrivé aux langues romanes : le latin s'est rapidement transformé en français, italien, espagnol, roumain, portugais, catalan et provençal, tandis que se constituaient de nouveaux *peuples* et de nouvelles *civilisations* après la chute de l'Empire romain.

Outre les langues romanes ou néolatines, dérivent donc de l'indo-européen le groupe germanique avec l'anglais, l'allemand, le néerlandais, le norvégien, le danois et l'islandais ; le groupe celtique avec le gallois, le breton et l'irlandais ; le groupe indo-iranien avec le sanskrit, le védique, le persan, l'ourdou, les idiomes parlés par des minorités linguistiques de l'Oman à l'Afghanistan et jusqu'au Pakistan, et la langue avestique des écrits zoroastriens ; le groupe balto-slave avec le slovène, le serbe, le bosniaque, le bulgare, le russe, le polonais, le biélorusse et l'ukrainien.

« Toutes les images disparaîtront » : ainsi s'ouvre le

merveilleux livre d'Annie Ernaux, *Les Années*[1], *dédié à la mémoire individuelle d'un peuple.*

Aujourd'hui nous avons peine à considérer comme des frères, ne serait-ce que « linguistiques », les peuples qui habitent notre continent, de l'Est à l'Ouest. De la même manière, les Grecs du Vᵉ siècle avant J.-C. ne voyaient dans les Perses que des *barbares* et ne pouvaient comprendre, ni encore moins reconnaître, l'étroite communauté linguistique ou culturelle avec les Perses ou les Hittites.

Et pourtant, on dit aujourd'hui en italien *padre*, comme on dit en grec πατήρ, en français *père*, en sanskrit *pitar*, en gothique *fader*, et puis *father* en anglais et *Vater* en allemand. Tous sont des mots dérivés d'une forme commune : l'indo-européen **pəter*. Les mots reliés à l'affection, à la famille, comme les souvenirs, sont les plus lents à se faner. De la même manière, nous reconnaissons avec certitude la racine indo-européenne **məter* dans l'italien *madre*, le sanskrit *matar*, le grec μήτηρ, l'anglais *mother*, le français *mère*, le slave *mati*.

Néanmoins les racines des mots ne disent pas grand-chose des êtres humains qui les ont choisis pour exprimer leur conception très personnelle du monde ; d'autant moins que nous ne connaissons même pas *ce monde*, nous en serons à tout jamais exclus. Tout ce que nous savons est qu'il a existé un peuple qui, entre le Vᵉ et le IIᵉ millénaire avant J.-C., a eu une langue *commune*, et donc une société *commune*, qui se sont ensuite divisées avec le temps en langues et sociétés *différentes*. L'archéologie a mis au jour, en Europe et

1. Paris, Gallimard (Folio), 2010 [2008]. *(N.d.T.)*

en Asie, des traces d'une civilisation de l'âge du bronze censées remonter à une telle civilisation « indo-européenne ». Cependant les armes, les outils, les vestiges de constructions ne sont qu'autant de sources d'hypothèses historiques et de bribes de sens qui ne peuvent nous transmettre aucune image de cette population géniale, et encore moins de la langue qu'elle parlait chaque jour dans sa route vers l'avenir payée au prix de l'oubli. L'archéologie est une science précieuse, mais muette.

Si la langue indo-européenne s'est diffusée sur un territoire aussi vaste, c'est parce que le peuple indo-européen portait en lui une civilisation et une culture unitaires, partagées, distinctives et dominantes (ainsi l'anglais, par exemple, est resté la langue des États-Unis même après leur indépendance, de même que l'espagnol et le portugais en Amérique du Sud, et le français dans certaines régions de l'Afrique).

Dans certains cas, les mots d'un peuple et sa manière d'exprimer le monde sont d'une grande aide pour définir sa géographie d'origine. Par exemple, les noms de plantes sont facilement localisables : c'est de la botanique, et c'est tout simplement la *nature*. On suppose, par exemple, que la langue indo-européenne possédait un mot pour désigner le *bouleau*, *betulla* en italien, que l'on retrouve avec la même racine en sanskrit, en iranien, en slave, en russe, en lituanien, en suédois et en allemand. Le bouleau est un arbre typique des montagnes, adapté à un climat froid et humide. Il n'y a donc pas de bouleaux en Grèce, c'est pourquoi ce mot n'existe plus en grec, volontairement abandonné par un peuple qui s'est établi dans un territoire où il était parfaitement *inutile*.

Des considérations linguistiques similaires, alliées à des études archéologiques et ethnographiques, permettent ainsi de situer les populations indo-européennes dans les régions au nord de la mer Caspienne et de la mer Noire. C'est à partir de là qu'au IVe millénaire avant J.-C., s'engagea un long processus de migration et d'installation sur tout le continent eurasiatique.

Ce fut donc durant cette marche millénaire de l'est vers l'ouest et du nord vers le sud que se développèrent des sociétés *nouvelles* et *différentes*, nées du contact avec des peuples différents et de l'installation sur des territoires différents. Et avec ces sociétés *nouvelles* et *différentes* se créèrent des langues *nouvelles* et *différentes*. Parmi ces langues naquit le grec, parlé par les peuples indo-européens arrivés sur la péninsule et les îles grecques vers 2000 avant J.-C.

Le grec avant le grec : le grec commun

Du grec, nous connaissons même son lointain « passé simple » : le grec *commun* ou *protogrec*, c'est-à-dire la langue grecque unitaire, à la base de tous les dialectes apparus par la suite, qui s'est développée vers le IIe millénaire avant J.-C.

Nous ne savons rien de ce qui s'est passé entre l'époque indo-européenne et la protohistoire du grec : nous ne disposons pas de témoignage sur toute cette période qui a duré plus d'un millénaire, mais seulement d'hypothèses, de trouvailles archéologiques silencieuses (comme les appelait Meillet), et d'intuitions lumineuses à partir desquelles travailler.

Une certitude, le mot θάλαττα, « la mer » – crié par les soldats de Xénophon pleurant des larmes de joie à la vue de la mer Noire depuis les hauteurs de Trébizonde après une année de marche désespérée – n'est pas grec et encore moins indo-européen.

Ἐπεὶ οἱ πρῶτοι ἐγένοντο ἐπὶ τοῦ ὄρους κραυγὴ πολλὴ ἐγένετο. Ἀκούσας δὲ ὁ Ξενοφῶν καὶ οἱ ὀπισθοφύλακες ᾠήθησαν ἔμπροσθεν ἄλλους ἐπιτίθεσθαι πολεμίους· εἵποντο γὰρ ὄπισθεν ἐκ τῆς καιομένης χώρας, καὶ αὐτῶν οἱ ὀπισθοφύλακες ἀπέκτεινάν τέ τινας καὶ ἐζώγρησαν ἐνέδραν ποιησάμενοι, καὶ γέρρα ἔλαβον δασειῶν βοῶν ὠμοβόεια ἀμφὶ τὰ εἴκοσιν. Ἐπειδὴ δὲ βοὴ πλείων τε ἐγίγνετο καὶ ἐγγύτερον, καὶ οἱ ἀεὶ ἐπιόντες ἔθεον δρόμῳ ἐπὶ τοὺς ἀεὶ βοῶντας, καὶ πολλῷ μείζων ἐγίγνετο ἡ βοὴ ὅσῳ δὴ πλείους ἐγίγνοντο, ἐδόκει δὴ μεῖζόν τι εἶναι τῷ Ξενοφῶντι, καὶ ἀναβὰς ἐφ' ἵππον καὶ Λύκιον καὶ τοὺς ἱππέας ἀναλαβὼν παρεβοήθει· καὶ τάχα δὴ ἀκούουσι βοώντων τῶν στρατιωτῶν Θάλαττα θάλαττα καὶ παρεγγυώντων. Ἔνθα δὴ ἔθεον πάντες καὶ οἱ ὀπισθοφύλακες, καὶ τὰ ὑποζύγια ἠλαύνετο καὶ οἱ ἵπποι. Ἐπεὶ δὲ ἀφίκοντο πάντες ἐπὶ τὸ ἄκρον, ἐνταῦθα δὴ περιέβαλλον ἀλλήλους καὶ στρατηγοὺς καὶ λοχαγοὺς δακρύοντες.

« À peine les premiers arrivés en eurent-ils atteint le sommet qu'un grand cri s'éleva. À ce bruit, Xénophon et ceux de l'arrière-garde s'imaginèrent que l'ennemi les attaquait aussi en tête, car ils étaient suivis en queue par les gens du pays qu'ils avaient brûlé ; ils en avaient même tué, capturé plusieurs dans une embuscade ; ils avaient pris aussi les boucliers, une vingtaine, couverts de cuir de bœuf non tanné, qui avait encore son poil. Comme les cris grandissaient à mesure qu'on approchait, que les gens qui ne cessaient d'arriver se précipitaient en hâte vers ceux qui ne cessaient de crier, et que la clameur devenait plus retentissante à mesure que grandissait leur nombre, Xénophon jugea qu'il se passait quelque chose qui n'était pas ordinaire ; il saute sur son cheval, prend avec lui Lykios et ses cavaliers, s'élance au secours. Et voilà que bientôt ils entendent les soldats qui criaient : "La mer ! La mer !" Le mot volait de bouche en bouche. Tous prennent alors leur élan, même ceux de l'arrière-garde ; les attelages couraient, et aussi les chevaux. Quand tout le monde fut arrivé sur le sommet, alors ils s'embrassaient les uns les autres, ils embrassaient aussi les stratèges et les lochages [capitaines], en pleurant[1]. » (Xénophon, *Anabase*, IV, 7, 21-25.)

Il y a eu une époque où le grec ne disposait pas de mot pour nommer la *mer* – ou peut-être l'avait-il oublié. Cela montre bien que les premiers peuples indo-européens venaient de régions intérieures, montagneuses, très éloignées de la côte. Il est vrai qu'il existe une racine indo-européenne commune **mor* attestée dans différentes langues anciennes et modernes. En latin *mare* (d'où viennent l'italien *mare*, le français *mer* et l'espagnol *mar*) désigne précisément une étendue d'eau non délimitée, par opposition à l'étang ou au lac, *lacus*. À l'inverse, le russe *more* et le slave *mor* désignent à

1. Xénophon, *Anabase*, t. II, texte établi et traduit par P. Masqueray, Paris, Les Belles Lettres (CUF), 1931. *(N.d.T.)*

proprement parler un bassin d'eau stagnante, délimité, comme le marais, par opposition à la *mer*. Mais dans la majorité des langues indo-européennes, on ne trouvera effectivement pas de racine commune pour le mot *mer*.

Lorsqu'une partie du peuple indo-européen, devenue désormais *peuple grec*, rencontra la Méditerranée, elle fut alors dans l'obligation de la désigner par des noms *nouveaux*, *différents* ; de la même manière que leur civilisation était devenue *nouvelle* et *différente* au contact de la mer.

Le grec a donc choisi d'appeler la mer ἡ ἅλς, « l'étendue salée », au féminin, pour la distinguer de ὁ ἅλς, « le sel », au masculin. On ne trouve dans aucune autre langue que le grec ancien l'emploi de *sel* pour désigner la *mer* : cette langue s'est trouvée devant la nécessité concrète et humaine de donner un nom à quelque chose d'encore jamais vu, peut-être avec la même touchante émotion que celle des soldats de Xénophon durant leur voyage de retour vers chez eux, la Grèce.

Le grec possède d'autres mots, tous différents – et fascinants eux aussi – pour désigner la *mer* : ὁ πόντος, « le passage », « le chemin » vers l'ailleurs que constitue la mer navigable (on retrouve ce sens dans le latin *pons,* l'italien *ponte* et le français *pont**) ; ὁ πέλαγος, « la surface plane », « la superficie », d'étymologie incertaine, qui désigne précisément l'étendue plate et profonde de la mer, semblable à une plaine ou à une prairie bleue (ici encore nous avons en latin *planus,* « la surface plane », et en italien *pelago*, « la mer ouverte », ou encore *archipel* en français*) ; et le mot grec le plus courant pour désigner la mer, précisément ce θάλαττα invoqué par Xénophon, est d'origine obscure, venu peut-être de quelque peuple déjà présent en Méditerranée. Un mot sans précurseur ni successeur dans aucune langue au monde excepté le grec.

Tous les dialectes grecs que nous connaissons et lisons dérivent d'une langue déjà irrémédiablement différente de l'indo-européen : le grec *commun* ou *protogrec.*

Les langues ne se transforment jamais aussi vite que lorsqu'elles deviennent *des langues d'empire*, c'est-à-dire des langues de *conquérants*. Nous pouvons donc supposer que le grec *commun* commença à se transformer lorsqu'il devint la langue d'un peuple grec capable de grandes conquêtes politiques, et surtout culturelles. Mais, en l'absence de témoignages écrits et de données historiques, nous ne pouvons qu'avancer des hypothèses sur le déroulement de ces événements. Une fois encore, c'est un coup d'œil sous la surface des mots qui pourra nous venir en aide.

Prenons deux termes identiques si ce n'est la variation de l'accent : ὁ νομός, « le pâturage » et ὁ νόμος, « la loi ». Tous deux dérivent de la racine commune νομ/νεμ qui signifie « distribuer ». Le premier, ὁ νομός, désigne la « portion de terrain confiée au νομάς », « le pasteur », et renvoie à une phase d'élevage nomade : c'est là précisément l'origine du mot *nomadisme*. Le second, ὁ νόμος, renvoie en revanche à une société liée de manière stable à un territoire précis qui était alloué *de droit*, *légalement*, aux différents pasteurs : la civilisation grecque s'est transformée, et avec elle le sens profond des mots.

Le *protogrec* – et de là le grec *ancien* – conserve de l'indo-européen ses structures aussi distinctives que formidables, porteuses du sens et de la vision antique du monde. En premier lieu, la distinction nette entre système nominal et système verbal. Le nom possède trois genres, masculin, féminin et neutre, et trois nombres, singulier, duel et pluriel, et s'articule dans un système de cas. Chaque verbe possède deux voix, active et médio-passive, trois personnes et trois nombres, des modes finis (indicatif, subjonctif, optatif et impératif) et des modes indéfinis (participe et infinitif).

La catégorie temporelle, quant à elle, est marginale, subordonnée à la valeur aspectuelle de l'action : l'action est exprimée exactement comme elle devait être conçue en indo-européen, en fonction non du *quand*, mais du *comment*, c'est-à-dire de ses conséquences sur les locuteurs. Les trois thèmes verbaux, présent, aoriste et parfait, indiquaient donc l'aspect du verbe, et non son temps.

Par un étrange et spectaculaire accident de l'histoire, le grec ancien apparaît au Ier millénaire avant J.-C. déjà pleinement constitué, déjà formé, déjà *adulte*, déjà *présent* : il n'est rien resté de son passé antérieur ni de son passé simple. De fait, aucune autre langue d'origine indo-européenne ne se présente sous les projecteurs de l'histoire documentée avec autant d'innovations que le grec ancien, sans pour autant garder la trace de ses évolutions précédentes. C'est là le premier pas de la langue grecque sur un chemin unique et isolé au regard des autres langues indo-européennes ; un chemin unique qui deviendra ensuite une voie royale et solitaire, comme le montre l'histoire ultérieure du grec, la seule langue de l'Europe qui ait poursuivi sa transformation *intérieurement*, sans jamais se transformer en *autre qu'elle-même.*

La solitude du grec, donc, toujours.

Des dialectes multiples et un grec classique : oui, mais lequel ?

Les formes sous lesquelles le grec se présente à l'histoire – et donc à nos yeux et dans nos livres – sont différentes. Très différentes. Chaque région, chaque cité possède une variété de langue qui lui est propre : celle que nous pouvons lire sur les documents officiels ou dans les textes privés. Chaque genre littéraire a ensuite une langue canonique déterminée, que chaque auteur utilise à son tour d'une manière tout à fait personnelle.

Nous pouvons dire en somme, du moins à l'époque la plus ancienne du grec ancien, entre le VIe et le Ve siècle avant J.-C., qu'il existe autant de formes du grec qu'il y a de textes (et donc de gens qui le parlent !). Ces formes différentes du grec ancien sont réunies en unités linguistiques appelées *dialectes.*

Pour se faire une idée de ce que signifie comprendre et se faire comprendre en grec, il est essentiel de ne pas oublier ceci : les Grecs n'ont jamais été un *État* unifié. Mais un *peuple* uni, cohérent, fier, ils l'ont toujours été, et ils le seront peut-être toujours.

Bref, la Grèce, en tant qu'État *politique*, n'a jamais existé (du moins jusqu'en 1832 ap. J.-C., sans compter les dominations étrangères). Le peuple grec, cet *être grec* que décrit Hérodote, τὸ Ἑλληνικόν, a cependant toujours existé, depuis Homère jusqu'à aujourd'hui. Voici ce que répondirent les Athéniens aux Spartiates qui craignaient qu'ils ne fassent alliance avec le roi perse :

Τὸ μὲν δεῖσαι Λακεδαιμονίους μὴ ὁμολογήσωμεν τῷ βαρβάρῳ κάρτα ἀνθρωπήιον ἦν· ἀτὰρ αἰσχρῶς γε ἐοίκατε, ἐξεπιστάμενοι τὸ Ἀθηναίων φρόνημα ἀρρωδῆσαι, ὅτε οὔτε χρυσός ἐστι γῆς οὐδαμόθι τοσοῦτος οὔτε χώρη < οὕτω > κάλλεϊ καὶ ἀρετῇ μέγα ὑπερφέρουσα, τὰ ἡμεῖς δεξάμενοι ἐθέλοιμεν ἂν μηδίσαντες καταδουλῶσαι τὴν Ἑλλάδα. Πολλά τε γὰρ καὶ μεγάλα ἐστὶ τὰ διακωλύοντα ταῦτα μὴ ποιέειν μηδ' ἢν ἐθέλωμεν, πρῶτα μὲν καὶ μέγιστα τῶν θεῶν τὰ ἀγάλματα καὶ τὰ οἰκήματα ἐμπεπρησμένα τε καὶ συγκεχωσμένα, τοῖσι ἡμέας ἀναγκαίως ἔχει τιμωρέειν ἐς τὰ μέγιστα μᾶλλον ἤ περ ὁμολογέειν τῷ ταῦτα ἐργασαμένῳ, αὖτις δὲ τὸ Ἑλληνικὸν ἐὸν ὅμαιμόν τε καὶ ὁμόγλωσσον, καὶ θεῶν ἱδρύματά τε κοινὰ καὶ θυσίαι ἤθεά τε ὁμότροπα, τῶν προδότας γενέσθαι Ἀθηναίους οὐκ ἂν εὖ ἔχοι.

« La crainte qu'éprouvaient les Lacédémoniens, que nous ne nous entendions avec le Barbare, était à coup sûr un sentiment humain ; mais il semble honteux que vous, sachant bien ce que pensent les Athéniens, vous ayez eu cette crainte, alors qu'il n'est nulle part en ce monde un tel amas d'or ni territoire l'emportant si grandement sur tous par sa beauté et sa fertilité, que nous accepterions à ce prix de nous rallier au Mède et d'asservir la Grèce. Nombreuses et fortes sont les raisons qui nous empêcheraient de le faire, même si nous le voulions. D'abord et surtout, l'impérieux devoir de punir le plus sévèrement possible l'incendie, la réduction en un tas

de décombres, des demeures et des statues des dieux, plutôt que de nous entendre avec celui qui en est l'auteur ; ensuite, ce qui unit tous les Grecs – même sang et même langue, sanctuaires et sacrifices communs, semblables mœurs et coutumes –, qu'il ne conviendrait pas aux Athéniens de trahir[1]. »
(Hérodote, *Histoires*, VIII, 144, 3-17.)

L'« être grec » est l'unique donnée aussi surprenante que nécessaire pour comprendre la langue grecque, qu'elle soit *protogrecque*, *classique* ou *moderne*. Et c'est là la clé pour comprendre le grec, le défi intellectuel à la source de ce livre : *penser comme les Grecs et le dire dans leur langue.*

La *polis*, ἡ πόλις, grecque était à l'origine une place forte : une citadelle, un bourg fortifié, équivalent du *castrum* latin ou du *Burg* allemand. Elle servait à défendre ses habitants des envahisseurs potentiels ou des peuples de l'arrière-pays : elle était souvent bâtie sur un emplacement élevé, dominant l'horizon, et était ainsi appelée *acropole*, ἡ ἀκρόπολις. Les Grecs ont cependant bien vite réuni à l'intérieur du bourg fortifié le siège de leurs cultes les plus importants, les institutions, les écoles, les activités intellectuelles, en en faisant ainsi le centre et le moteur de leur pouvoir politique et culturel.

Le mot πόλις servit alors à désigner *la cité* – Athènes, Sparte, Corinthe, Thèbes – et, pour les Grecs, la *cité* désignait aussi l'*État* d'appartenance. Une cité pouvait être parfois fédérée ou alliée à d'autres, mais elle gardait toujours jalousement ses traditions et

1. Hérodote, *Histoires*, livre VIII, texte établi et traduit par Ph.-E. Legrand, Paris, Les Belles Lettres (CUF), 1953. *(N.d.T.)*

ses valeurs, ainsi que la langue qui lui était propre. Aucune πόλις n'aurait jamais renoncé à son essence, sa raison d'être : la liberté. C'est l'union d'un peuple, comme l'écrit Hérodote, fondée non sur le statut politique, mais sur le « même sang et [la] même langue, [des] sanctuaires et sacrifices communs, [de] semblables mœurs et coutumes ». D'ailleurs, les sanctuaires de Delphes et d'Olympie, comme les jeux Olympiques, attiraient les Grecs de toutes les régions. L'art, la poésie, la philosophie circulaient partout, le débat intellectuel était partagé par la grécité entière, sans aucune barrière linguistique.

L'*être grec*, τὸ Ἑλληνικόν, s'opposait à l'*être barbare*, βάρβαρος, terme qui désignait l'*étranger* venu de toute contrée, proche ou lointaine, de langue et de culture extérieures à la grécité.

Revenons-en au grec classique et à ses innombrables dialectes : nous pouvons affirmer avec certitude qu'il n'y a jamais eu, à l'époque historique, de parler grec autonome et indépendant des autres.

Selon Thucydide, les Grecs parvenaient à se comprendre entre eux dès avant la guerre de Troie, « bien qu'ils n'eussent pas désigné leur peuple d'un même nom », *les Hellènes* : οὐδὲ τοὔνομα τοῦτο ξύμπασά πω εἶχεν, écrit le grand historien dans la partie appelée « Archéologie », c'est-à-dire le *passé*, qui ouvre son livre sur la guerre du Péloponnèse. Ce fut seulement à l'occasion de cette guerre mythique que les Hellènes unirent leurs efforts, leurs flottes, leurs armes et leur vision du monde contre un ennemi commun, et, pour tout dire, s'unirent sous un même nom.

Les poèmes homériques, l'*Iliade* et l'*Odyssée*, sont peut-être l'exemple le plus significatif de l'unité linguistique et culturelle du monde grec. Écrits dans une langue littéraire *ad hoc* qui fournissait un mélange de différents éléments dialectaux sur une base ionienne, les vers, qui racontent les aventures des héros grecs à Troie, devinrent le répertoire le plus précieux de mots, de tournures, et d'expressions pour toute la littérature qui suivit. « Puisque dès le début tous ont appris dans Homère », ἐξ ἀρχῆς καθ' Ὅμηρον, ἐπεὶ μεμαθήκασι πάντες, écrit Xénophane de Colophon (fragment 10)[1]. L'*Iliade* et l'*Odyssée* n'étaient pas seulement le récit poétique de la guerre de Troie déclenchée par l'enlèvement d'Hélène, et du retour à Ithaque d'Ulysse : c'était une véritable encyclopédie de la grécité. C'était dans leurs hexamètres, répétés par cœur par les aèdes de cité en cité, que les hommes apprenaient, avec la geste des héros, ce qui faisait d'eux de véritables *Grecs*. Les poèmes homériques regorgent en effet de détails techniques parsemés dans la trame de l'histoire principale : de l'inventaire des navires de guerre au culte des morts, des rites divinatoires aux prescriptions alimentaires, de la manière de consommer le vin aux devoirs de l'hospitalité, des recettes de cuisine aux remèdes médicinaux, jusqu'à des enseignements astronomiques.

Comme le dit Xénophane, tout Grec a appris à être un *Grec (AOC)* en ses us et coutumes, et à se distinguer de ceux qui n'étaient pas grecs, chez Homère, dans la multitude et la variété d'obligations sociales

---

1. Xénophane de Colophon, *Œuvre poétique*, traduction par L. Reibaud, Paris, Les Belles Lettres (Fragments), 2012. *(N.d.T.)*

(ainsi que d'interdits, naturellement) contenues dans l'*Iliade* et l'*Odyssée* : le manuel pratique par excellence de l'être humain et grec, et de la grécité en son entier.

Selon l'histoire, les peuples d'origine indo-européenne gagnèrent la Grèce vers le IIe millénaire avant J.-C., à l'époque de la civilisation mycénienne, complexe et évoluée. En 1953, le jeune Anglais Michael Ventris réussit à déchiffrer les tablettes d'argile retrouvées dans le palais royal de Cnossos, en Crète, et dans d'autres centres du pouvoir comme Pylos et Mycènes. Ayant survécu par le plus pur des hasards aux incendies qui dévastèrent les cités lors de la chute de la société mycénienne, les tablettes portaient pour la plupart des listes d'administration bureaucratique datables entre 1450 et 1110 avant J.-C. Leur langue est le dialecte mycénien, dit aussi Linéaire B pour le distinguer du Linéaire A, une écriture similaire mais jamais déchiffrée. Cette découverte extraordinaire, à l'importance décuplée par le type d'écriture adoptée par les Mycéniens, syllabique et non alphabétique comme le grec *classique*, composée en outre de pas moins de 88 signes, a permis d'avoir connaissance des principales caractéristiques grammaticales et lexicales du dialecte grec le plus ancien qui nous soit parvenu.

La seconde phase de l'histoire de la Grèce fut marquée par de nouveaux flux migratoires et des événements difficiles à reconstituer : c'est ce que l'on appelle les *siècles obscurs*, au sujet desquels fleurirent de sombres légendes de catastrophes naturelles, de tremblements de terre, de tsunamis, d'engloutissements de peuples et d'îles entières. L'écriture disparut subitement. Lorsqu'elle revint dans la lumière de l'histoire et de notre connaissance, à partir du VIIIe siècle avant J.-C., les transformations et les mouvements des peuples avaient défini un nouveau cadre linguistique et culturel pleinement *grec*.

La langue grecque classique s'articule en cinq groupes de dialectes différents : le dorien, l'éolien, l'ionien-attique, les dialectes nord-occidentaux et l'arcado-chypriote. Chaque variété de grec reflète la variété de populations hellènes qui ont formé la Grèce, et dont la mémoire est consolidée par l'épopée, la poésie et les sagas généalogiques.

Les Doriens arrivèrent par le nord-ouest et occupèrent la péninsule du Péloponnèse, les Éoliens arrivèrent en Thessalie, en Béotie et sur l'île de Lesbos, les Ioniens se diffusèrent de l'Attique d'Athènes jusqu'aux Cyclades et à l'Asie Mineure. Les deux autres dialectes sont de reconstitution plus difficile. L'arcado-chypriote réunit linguistiquement deux territoires géographiquement très éloignés l'un de l'autre, l'Arcadie dans le Péloponnèse, et Chypre dans le sud de la Méditerranée, non loin de la Turquie. Les dialectes nord-occidentaux, diffusés à Delphes, en Épire, à Argos et à Thèbes, montrent en revanche de notables points communs avec le dorien.

À ce tableau déjà très bigarré, *expressionniste*, s'ajoutent les langues littéraires : les variantes dialectales propres à chaque genre littéraire, indépendamment de l'origine linguistique et géographique de leur auteur, qui les utilise dans une totale liberté d'expression artistique. Ainsi, l'ionien est, avec l'éolien, le dialecte des poèmes homériques, de la poésie et de la lyrique. C'est dans le dialecte ionien d'Asie Mineure que l'histoire aussi fait ses premiers pas avec Hécatée de Milet et Hérodote, ainsi que la philosophie avec Héraclite, et la médecine avec Hippocrate. C'est cependant l'attique, dialecte de la πόλις par excellence, Athènes, qui est la grande langue universelle de la prose, de Thucydide à Platon, ainsi que du théâtre.

Toutes ces variétés du grec furent parlées *simultanément* jusqu'à l'unification-soumission *politique* de la Grèce sous Alexandre de Macédoine, et au fléchissement de la langue, qui s'amalgama dans la κοινή. Cependant, à aucun moment de l'histoire du grec ne se sont trouvés deux Grecs qui fussent incapables de communiquer entre eux.

Quel pouvait donc bien être le grec employé pour communiquer entre ceux qui n'habitaient pas la même petite île ou la même *cité-État* ? Quelle était la *lingua franca* utilisée sur un territoire tel que celui de la Grèce, aussi fragmentée politiquement que géographiquement ? Et enfin la question la plus légitime de toutes : *quel* est exactement ce grec ancien que nous apprenons, nous ?

Il faut tout d'abord remarquer que les différences entre parlers locaux pouvaient certes être très marquées – le dialecte de Lesbos était fort différent de celui de Sparte –, mais non au point d'empêcher la communication et la compréhension entre les locuteurs. Et cela parce que tous les dialectes grecs dérivent de ce *grec commun* perdu, dont ils conservent tous les traits fondamentaux.

De plus, les différences d'un dialecte à l'autre étaient le plus souvent de l'ordre de la prononciation, avec très peu de différences grammaticales et sans variations lexicales excessives. Osons une comparaison contemporaine : il y avait certainement moins de différences entre le dialecte dorien et le dialecte éolien qu'il n'y en a de nos jours entre les innombrables parlers italiens, entre le frioulan et le toscan, par exemple. Et peut-être, oserais-je même plus, une comparaison frappante pour se faire une idée de la différence entre les dialectes grecs pourrait être la distance qui sépare aujourd'hui, au sein d'une même région comme la Toscane, le florentin du livournais. Si à Florence le « *c* » *avant une voyelle* est aspiré, ici, à Livourne, le même « *c* » est muet, il est tranché net ; « nous sommes des gens sans aspirations », dirait l'écrivain Simone Lenzi[1]. Et pourtant, que ce soit à Florence, dans la ville de Laurent le Magnifique, ou à Livourne, dans « la moins toscane des villes toscanes », nous parvenons à nous comprendre sans difficulté : peu importe que le *cane* (le chien) se dise « *hané* » ou « *ané* ». De la même façon, le pain à la farine de pois chiche est appelé *torta* à Livourne, et *cecina* vingt kilomètres plus loin, à Pise : dans ce cas précis, Pisans et Livournais *pourraient* se comprendre parfaitement, si seulement ils enterraient la hache de guerre d'un esprit de clocher qui ferait passer même un Spartiate de l'Antiquité pour un modèle de modestie.

Ce qui rend la Grèce antique si extraordinaire est

---

1. Né en 1968 à Livourne, Simone Lenzi est un chanteur, écrivain et traducteur italien ; il est le *leader* du groupe toscan les Virginiana Miller. *(N.d.T.)*

qu'elle n'a jamais imposé ni fixé de langue commune, qu'elle soit administrative, littéraire ou religieuse. La liberté linguistique et la compréhension réciproque étaient telles qu'il n'existe rien de comparable dans aucune autre langue. Le grec ancien a donc toujours été une langue *démocratique* dans le sens le plus étymologique possible du terme : l'usage du grec était confié en toute liberté à son peuple et à sa conscience du monde.

Et quelle était donc la *lingua franca* des communications, la langue où sont nées et se sont fixées la politique, la philosophie, la tragédie et la comédie, la science et la médecine ? La langue à la racine de l'*être grec* fut l'attique d'Athènes, la πόλις par excellence.

L'orateur Isocrate ne laisse aucune place au doute : ce fut Athènes, avant tout grâce à sa culture, qui fit du terme *attique* le synonyme de *grec* – *attique* dans les coutumes, la littérature, les alliances militaires, le culte des dieux.

> Τοσοῦτον δ' ἀπολέλοιπεν ἡ πόλις ἡμῶν περὶ τὸ φρονεῖν καὶ λέγειν τοὺς ἄλλους ἀνθρώπους, ὥσθ' οἱ ταύτης μαθηταὶ τῶν ἄλλων διδάσκαλοι γεγόνασιν, καὶ τὸ τῶν Ἑλλήνων ὄνομα πεποίηκεν μηκέτι τοῦ γένους, ἀλλὰ τῆς διανοίας δοκεῖν εἶναι, καὶ μᾶλλον Ἕλληνας καλεῖσθαι τοὺς τῆς παιδεύσεως τῆς ἡμετέρας ἢ τοὺς τῆς κοινῆς φύσεως μετέχοντας.

> « Notre cité a de tant distancé les autres hommes pour la pensée et la parole que ses élèves sont devenus les maîtres des autres, qu'elle a fait employer le nom des Grecs non plus comme celui de la race, mais comme celui de la culture, et qu'on

appelle Grecs plutôt les gens qui participent à notre éducation que ceux qui ont la même origine que nous[1].» (Isocrate, *Panégyrique*, 50.)

Naturellement, si la langue d'Athènes parvint au ve siècle avant J.-C. au statut de κοινή, c'est-à-dire que parler *athénien* signifia alors par ricochet *être grec*, ce ne fut pas seulement grâce à son pouvoir politique (il y aurait eu en plus une rivalité *culturelle*, et non seulement politique, avec Sparte qui, de son côté, ne se donna pas la peine de produire quoi que ce soit d'intéressant en ce sens). Pour revenir à la Toscane, de la même façon, le florentin n'aurait jamais pu devenir la base de la langue italienne uniquement grâce au pouvoir *politique* de Florence. Cela put se produire en revanche parce que la ville, au XIIIe siècle, était le centre culturel le plus éminent d'Italie, habité par les auteurs et les artistes les plus importants de l'Humanisme et de la Renaissance.

Ce fut à Athènes que la culture grecque atteignit des sommets encore jamais atteints par l'homme. L'architecture et les arts plastiques parvinrent à la perfection après des siècles d'étude ; le théâtre prit sa forme définitive, panhellénique ; la philosophie et la rhétorique y naquirent. Bref, à Athènes se vivait chaque jour l'essence de la pensée grecque. C'est là que l'on respirait – et que l'on parlait – la grécité. Pour cette raison, sa langue, l'ionien-attique, se diffusa partout

1. Isocrate, *Discours*, t. II, texte établi et traduit par G. Mathieu et E. Brémond, Paris, Les Belles Lettres (CUF), 1942. *(N.d.T.)*

sans qu'il y eût de domination politique : elle devint la langue, non d'une cité, mais de la Grèce entière.

Pour répondre enfin à la question la plus spontanée : oui, c'est presque uniquement le grec d'Athènes que l'on étudie aujourd'hui au lycée. Et cela parce que l'ionien-attique est resté fixé au fil des siècles, plus que tout autre dialecte, en tant que l'instrument d'expression d'Eschyle et de Sophocle, d'Aristophane et de Thucydide, de Platon et d'Isocrate, jusqu'à la κοινή d'Alexandre le Grand, qui se fonde précisément sur le prestige sans frontières de la langue *athénienne*.

La κοινὴ διάλεκτος *ou le grec après le grec classique*

L'expression κοινὴ διάλεκτος désigne la langue parlée en Grèce à partir de l'époque d'Alexandre le Grand et comprise partout où le grec était parlé.

On a peu d'informations sur cette nouvelle étape de l'évolution du grec, tout au plus des papyrus sans grande valeur retrouvés en Égypte et les livres du Nouveau Testament, tous écrits dans ce grec de la κοινή. Nous connaissons cependant, comme à chaque fois dans cette histoire si singulière de la langue grecque, l'étape précédente et l'étape suivante du parcours linguistique. Nous avons d'un côté la langue d'Athènes, et de l'autre le grec moderne. Ce dernier ne se fonde pas sur les dialectes antiques, ionien, dorien et éolien, mais presque entièrement sur la κοινή. Et c'est précisément à partir de cette donnée que l'on peut entreprendre, encore une fois, le travail patient de reconstruction linguistique, en s'attaquant à la question de la κοινή. Ainsi qu'à la transformation de la société grecque, bien sûr.

Aux origines de son histoire, la vie grecque ne présentait pas de caractère global : chaque πόλις était un petit État indépendant, autonome et libre. La Grèce continentale, une région âpre et montagneuse, était essentiellement agricole, isolée ; les colonies l'étaient plus encore, elles qui presque toujours avaient été fondées sur des îles ou le long des côtes, jamais à l'intérieur des terres.

Avec l'avènement de l'empire d'Alexandre le Grand, chaque πόλις perdit ce qui faisait le sens de son existence : la liberté. La politique devint la prérogative de souverains qui gouvernaient depuis leurs cours dans des cités loin de la Grèce. L'économie, la religion, la bureaucratie, le commerce prirent des dimensions plus vastes que la petite île ou la petite région d'origine, des proportions *démesurées* pour l'homme *grec*. À l'âge de l'urbanisation, tout devint subitement international, *globalisé* dans les limites du monde alors connu.

Durant l'époque classique, tout homme pouvait trouver le sens de son *être grec* à l'intérieur des murs de sa πόλις, dans ses pratiques religieuses, sa culture, ses traditions. Les dimensions de la vie humaine étaient celles du *citoyen*.

Durant l'époque hellénistique, les cités conservèrent leurs cultes et leurs traditions, mais réduits au cadre des fêtes ou des divertissements. Elles entrèrent alors en contact avec les religions des autres cités, les dieux se confondirent et se mélangèrent dans un syncrétisme impensable jusqu'alors. Les dimensions de la vie humaine étaient dès lors devenues celles d'un sujet au sein d'un empire immense.

Les Grecs furent donc contraints à se déplacer pour les affaires ou le commerce, en dehors non seulement de leur propre πόλις, mais aussi de la Grèce proprement dite. Les soldats n'étaient plus au service de leur patrie, mais ils étaient devenus des mercenaires. Les hommes de science et les philosophes ne partageaient plus leurs idées avec le monde grec tout entier, mais ils débattaient seulement à l'intérieur d'écoles ou de bibliothèques spécifiques, limitées, culturellement isolées les unes des autres. La révolution fut totale pour l'Homme *grec* et sa perception du monde.

Ce fut Philippe, le père d'Alexandre le Grand, qui priva les cités grecques de leur indépendance avec la bataille de Chéronée en 338 avant J.-C. : désormais la Grèce n'exista plus *politiquement* et elle dut attendre presque 2000 ans pour regagner son autonomie sur la carte du monde.

Lorsque Alexandre mourut en 323 avant J.-C. – après avoir reculé les frontières de son empire jusqu'à l'Inde en conquérant toute l'Asie Mineure, l'Iran, Babylone et l'Égypte –, Athènes et les autres cités grecques n'étaient plus que des *banlieues* de l'empire, qui vivaient dans le souvenir et la nostalgie de leur passé. D'autres centres de culture et de pouvoir se constituèrent avec une nouvelle force intellectuelle, souvent loin de la côte, de cette mer Méditerranée sur laquelle se fondait l'essence de la grécité. Hommes politiques, artistes et savants étaient actifs à Pergame, à Alexandrie d'Égypte, à Antioche. Et pourtant, bien qu'elle fût désormais reléguée aux confins, la culture qui se diffusa dans ce nouvel univers bouleversé fut bel et bien la culture hellénique.

Au Ve siècle avant J.-C., le prestige de la Grèce était

tel que les rois macédoniens – traités par les Grecs de βάρβαροι, « barbares », avec un mépris tout intellectuel – firent leur possible pour s'*helléniser*, ou plutôt pour s'*atticiser*, puisque la culture d'Athènes était la culture dominante dans le monde entier. Alexandre Ier, dit le Philhellène, prétendait déjà descendre d'Héraclès, il fut admis aux jeux Olympiques et il obtint même une statue à Delphes. Le poète Euripide et le peintre Zeuxis séjournèrent à la cour du roi Archélaos. Tous les nobles macédoniens portaient des noms grecs, et Philippe parlait et écrivait parfaitement en *athénien*. Enfin, Alexandre le Grand eut pour précepteur rien de moins que le philosophe Aristote.

Voilà pourquoi nous ne possédons pas ne serait-ce qu'une ligne de macédonien et que nous ne savons rien de cette langue : la langue de la cour de Macédoine était déjà depuis longtemps le grec *classique*. En somme, si la Grèce fut politiquement conquise par la Macédoine au IVe siècle, c'est la Macédoine qui s'était soumise et laissé conquérir par la culture grecque au moins un siècle auparavant.

La κοινή, la langue *commune* de l'époque hellénistique, se forma donc en grande partie à partir de la langue d'Athènes, ce dialecte ionien-attique qui avait déjà été la langue *commune* de toute la culture grecque. Mais une langue née à l'intérieur des murs d'Athènes, expression de la société d'une Attique aux modestes dimensions, ne put tenir le choc d'une diffusion sur un territoire allant de l'Inde à l'Égypte.

La κοινή est la langue d'un empire né de guerres et de soumissions. Et cependant, durant des siècles, des êtres humains de différents peuples, Égyptiens, Perses, Grecs, Syriens, Macédoniens, Arabes, Iraniens, se servirent du grec comme d'une *lingua franca* de communication, *pour comprendre et se faire comprendre* dans les affaires, les échanges commerciaux, auprès des institutions officielles, sans abandonner pour autant leur propre idiome, expression de leur civilisation et de leur manière de vivre propre.

Et si la κοινή est la langue du pouvoir, et donc l'instrument de l'unité contre les prétentions à l'autonomie locale, elle est aussi la langue de la culture, de la tradition scolaire et littéraire : c'est dans cette langue que nous lisons aujourd'hui les œuvres de Polybe, de Plutarque, les traductions grecques de la Bible – les Juifs étaient alors réfugiés en Égypte – et les Évangiles.

Mais quelle culture put bien produire l'époque hellénistique ? Une langue aussi *généraliste* que la κοινή perd nécessairement beaucoup, quasiment tout, de sa valeur poétique. À l'époque hellénistique, alors que la κοινή ne possédait presque plus rien des traits uniques du grec classique, la poésie est tout au plus une imitation : on écrit dans la langue d'Homère et d'Hésiode par excentricité ou pour en garder la mémoire, mais sans plus en saisir le sens intime. La κοινή était en revanche un instrument agile, rapide, parfait pour la science et la philosophie. C'est à cette époque que furent forgés des termes simples pour désigner des concepts abstraits, et que furent inventés des mots faciles pour exprimer des idées difficiles.

La langue commune de l'époque hellénistique a donc exercé une influence considérable sur presque toutes les langues européennes, qui utilisent encore aujourd'hui des termes *grecs* pour exprimer des concepts abstraits, voire même *inédits*. La formation de mots à l'époque moderne à partir de termes d'origine hellénistique, comme *téléphone*, *microphone*, *télévision*, témoigne combien la κοινή et son esprit *globalisé* se prolongent jusqu'à nos jours.

Enfin, c'est cette époque précisément qui vit naître le christianisme : la nouvelle religion choisit immédiatement la κοινή comme langue de diffusion auprès de nouveaux peuples. Lorsque le christianisme se diffusa au-delà de Rome et de l'Empire romain, il apporta avec lui tout l'héritage de la langue grecque : presque tous les nouveaux mots de la religion chrétienne, en latin, en copte, et jusqu'en arménien, semblent être des calques du grec hellénistique. Par exemple, le mot « parole » vient du chrétien « parabole » (qui remplaça le latin *verbum*). Le sens originel se trouve dans le grec παραβολή, « ressemblance », du verbe παραβάλλω « mettre à côté » : parti de l'enseignement des Évangiles, ce terme finit par désigner toute sentence, notion ou idée formée dans la pensée.

Une langue comme la κοινή, qui n'appartient plus à aucune région en particulier, et donc à aucun peuple en particulier, mais qui est parlée par un nombre considérable d'*étrangers*, finit par perdre irrémédiablement la vision du monde qui en était à l'origine. À mesure que changeait la société qui la parlait, l'ionien-attique se transformait à son tour, glissant dans un inexorable processus de *banalisation*, et de perte de sens et de mémoire. Les caractéristiques du grec classique, héritées de l'indo-européen, étaient trop extraordinaires pour survivre : il fallait en effet une langue simple et *ordinaire*, régulière, susceptible d'être comprise partout et par tous.

Les mutations linguistiques – ou plutôt les égarements, les oublis, les incompréhensions – se succédèrent avec une grande rapidité sous le poids de l'empire hellénistique. Le rythme du grec d'origine disparut, passant d'un accent quantitatif à un accent qualitatif, comme en grec moderne. Les peuples non *grecs* qui employaient la κοινή chaque jour ne parvenaient certainement pas à distinguer les voyelles longues des voyelles courtes : cela nous est confirmé par les innombrables erreurs de graphie η/ε et ο/ω attestées dans les papyrus. Le duel disparut alors, comme il avait déjà disparu depuis longtemps de nombreuses autres langues indo-européennes, ainsi que l'optatif, le mode verbal qui exprimait le *désir*, jugé superflu au point d'être absorbé par le subjonctif. Toute anomalie – autrement dit toute *originalité* – verbale ou nominale fut supprimée ou normalisée parce que jugée excentrique et par conséquent incompréhensible.

Dans une époque aussi bouleversée et compliquée, poussé par l'exigence frénétique du *quand,* on perdit de vue la valeur du *comment* pour ce qui concerne les choses de la vie. Au moment exact où la catégorie du temps s'imposa, la catégorie aspectuelle du verbe s'éteignit comme la flamme d'une chandelle qui s'est consumée trop longtemps.

À l'époque de la κοινή, le grec était certes une langue *vivante*, parlée partout par des milliers, si ce n'est des millions de personnes. Toutefois, le grec avait perdu beaucoup, presque tout, de son sens originel. Lorsque l'on réfléchit attentivement à la signification d'une langue, en prenant tout le temps nécessaire, il convient de se demander : que restait-il alors, dès le IIe siècle avant J.-C., du grec *ancien*, la langue de Platon, de Sophocle, d'Euripide, et jusqu'à Homère, de la langue que nous étudions aujourd'hui à l'école ? Bref, qu'est-ce qui distingue une *langue vivante* d'une *langue morte* ?

Si les Grecs eux-mêmes ne parvenaient plus à comprendre le grec *ancien* il y a deux mille ans, comment prétendrions-nous le comprendre, nous ?

En écrivant, je me suis rendu compte que la fracture du sens entre les Grecs, nous se trouve entièrement là, à l'époque hellénistique, celle de la κοινή – et pas dans les salles d'un quelconque lycée classique d'aujourd'hui. Ce qui a été oublié durant cette phase de l'histoire du grec, est, ironie du sort, exactement ce dont j'ai tâché de ranimer la mémoire en écrivant ce livre. Peut-être que le grec *ancien* est *mort* au moment même où les Grecs ont arrêté de penser comme des Grecs *anciens*. Ou peut-être qu'il a commencé à mourir à ce moment-là ; bien que, autre ironie du sort, le verbe grec θνήσκω, « mourir », n'admette que l'antique aspect du présent, parce que *ou l'on est vivant ou on ne l'est plus*.

Ce qui est certain, c'est que lorsqu'une langue devient la langue de *tous*, elle devient en réalité la langue de *personne*.

Le grec moderne, voire antique

L'Empire romain, malgré toute sa durée, eut peu de conséquences sur le grec parlé en Méditerranée. Les Grecs et les peuples étrangers qui avaient adopté le grec – et donc sa manière d'être et de penser – étaient trop fiers de leur supériorité culturelle pour échanger leur langue contre le latin. Du reste, pour les Romains aussi, le grec était une langue auréolée de prestige, qu'ils s'obstinaient à apprendre durant de longs séjours à Athènes – au fond, le latin ne cessa jamais d'*envier* le grec ; de même ceux qui ont opté pour le lycée scientifique auront toujours la sensation qu'il leur manque *quelque chose*.

Rome ne sut imposer sa langue qu'auprès des peuples disposés à transformer leur civilisation : en Gaule, en Dacie, en Espagne, en Afrique du Nord. Mais cela ne se produisit jamais en Grèce, où les Romains se sentirent toujours comme des élèves, des *apprentis* (du reste les Grecs n'étaient pas du tout disposés à transformer leur civilisation, encore moins leurs mots). Le grec disparut en revanche de la Sicile et de l'Italie, de cette *Grande Grèce* où, sans la puissance sociale de la grande κοινή, il n'avait pénétré que sur les côtes.

Si toute langue, au contact des langues étrangères, fait des emprunts (pensons, par exemple, au millier de mots anglais entrés dans notre vocabulaire), aucune langue ne se montra en ce sens plus intransigeante que le grec qui opposa une résistance infatigable et jalouse à l'entrée des mots étrangers ; s'il en accepta, ce fut seulement pour désigner des éléments typiquement romains, presque des translittérations de choses *étrangères* au monde grec, comme κεντυρία, « la centurie », ou ταβέλλα, « l'acte administratif, officiel, romain ».

Mais la langue grecque était destinée à perdre aussi sa propre hégémonie linguistique avec la diffusion ultérieure du christianisme. Lorsque la nouvelle religion fut tout d'abord autorisée, puis officiellement adoptée par l'Empire romain, le latin devint la langue officielle de l'Église d'Occident. En Orient, en revanche, les peuples qui avaient en premier lieu choisi la κοινή grecque traduisirent progressivement la liturgie dans leurs propres langues, expressions de leurs propres civilisations : en gothique, en slave, en arménien, en copte.

Dans ce scénario, donc, alors que le latin était en train de devenir la langue de la culture et de la religion en empruntant la voie menant au Moyen Âge, le grec resta confiné dans son propre territoire toujours plus restreint. Une nouvelle fois, le grec prit un chemin original et solitaire au regard de toutes les autres langues, pour parvenir, à travers le grec byzantin, au grec moderne.

Sous l'Empire romain, les intellectuels grecs réagirent à la décadence de leur présent en choisissant la même et identique solution que celle qu'ils finiront par adopter après la guerre d'indépendance (1821-1832), lorsque la Grèce obtint enfin l'autonomie politique qu'elle attendait depuis des millénaires. Et ce fut une solution singulière : le retour obligé au passé.

Avec l'atticisme du IIe siècle après J.-C. s'était déjà en effet dégagée une tendance qui marquera pour toujours l'évolution – ou l'évolution manquée – du grec. Afin de conjurer la perte d'identité, on choisit de résister, de bannir l'usage courant, *vulgaire*, de la langue – l'usage vivant – et de privilégier les formes antiques désormais disparues – mortes, donc – parce qu'on les considérait comme porteuses du sens perdu de la grécité. Les intellectuels grecs firent leur possible pour rappeler leur passé malgré l'oubli irrémédiable où il glissait. Et c'est ainsi que nous avons des textes parsemés de duels, d'ornements syntaxiques et lexicaux employés au hasard, sans aucun sens, d'anomalies verbales déjà disparues au temps de Périclès, de voyelles longues et brèves utilisées à tort et à travers. Face à la mutation de la société, les Grecs ne surent manifestement pas comment réagir. Ils s'isolèrent, politiquement et surtout culturellement, et l'unique identité autour de laquelle ils entendirent serrer les rangs était leur passé commun.

C'est ce sentiment de désarroi mêlé de nostalgie qui traverse toute l'histoire grecque jusqu'à l'époque contemporaine et qui sera à l'origine, du point de vue linguistique, de la tendance *puriste* : c'est-à-dire du vain effort déployé pour empêcher la langue d'évoluer, de s'éloigner d'un passé glorieux mais peut-être trop lourd pour être supporté.

À l'époque byzantine, il s'était désormais créé une unité linguistique écrite au prix d'une distance insurmontable avec la langue parlée, qui, comme toutes les langues, continuait à évoluer dans la vie des êtres humains qui l'employaient. Il est impossible de freiner les changements pour les hommes comme pour les langues. Il est cependant possible de les ignorer, comme a choisi de le faire la société grecque pendant près d'un millénaire. Le même grec, désormais byzantin, était enseigné dans toutes les écoles, écrit dans tous les livres et tous les actes officiels, il était parlé par toutes les personnes cultivées dans les milieux intellectuels.

Les parlers locaux, en revanche, furent peu à peu bannis et ne survécurent que dans les campagnes, loin des villes ; un grand nombre des différences dialectales existant aujourd'hui en Grèce remontent d'ailleurs à cette époque.

Avec la domination turque survenue au XVe siècle, l'unique centre de culture resta Byzance, où l'Église devint la gardienne de l'antique κοινή, et où était écrite et lue la langue du christianisme. Mais l'Empire d'Orient s'était peu à peu réduit sous la pression des invasions étrangères.

La Grèce tout entière n'avait plus que la mer autour de laquelle se rassembler, la θάλαττα et sa langue antique, seul souvenir de sa civilisation désormais en ruine : une langue que les Grecs s'étaient vainement appliqués à conserver au lieu de la faire évoluer.

La conscience de la civilisation grecque et de son identité se retrouva gravement affaiblie et appauvrie par la décadence de l'Empire byzantin et par la domination turque. L'appellation même d'« hellène » pour définir le peuple grec commença à être abandonnée : puisque Byzance faisait partie de l'Empire romain, les Grecs commencèrent à se définir, par réaction, bel et bien comme des Ῥωμαῖοι, des « Romains ».

Lorsque, au début du XIXe siècle, la Grèce put recouvrer la conscience de sa propre identité face à la domination turque en décadence, la situation était pour le moins paradoxale du point de vue linguistique. La langue écrite traditionnelle, fidèle dans l'ensemble à la langue antique, la κοινή au fondement *athénien*, était si éloignée de la langue parlée dans l'usage courant que le peuple ne la comprenait même plus. Il n'existait pas toutefois d'identité politique, culturelle ou sociale dominant les autres, susceptible d'imposer sa langue comme l'expression d'une nouvelle société grecque. Le le besoin de s'exprimer en tirant du peuple des mots concrets, des mots vivants et non maltraités par des millénaires de littérature.

Durant ces dernières années, la Grèce a affronté, au nom de son identité et de sa dignité sociale, des défis économiques et politiques uniques en Europe en utilisant, de fait, une langue unique et extraordinaire, mais vieille de plusieurs siècles, voire de millénaires. Mais aujourd'hui, le véritable défi, pas seulement linguistique, réside entièrement dans la volonté de reconstruire une langue enfin moderne qui puisse servir à tous les Grecs pour comprendre et se faire comprendre en 2016, à l'intérieur de ses propres frontières et surtout *en dehors de la Grèce*.

« Quel que pût être le peuple descendant des Grecs anciens, il aurait été malheureux. À moins qu'il n'ait pu les oublier ou les dépasser[1] », écrit amèrement Nikos Dimou dans son recueil d'aphorismes sur le malheur d'être grec *(moderne)*.

De fait, la Grèce parle aujourd'hui un grec *moderne* qui emprunte une grande partie de ses éléments au grec *ancien* pour réaffirmer au monde l'identité d'un peuple qui a le passé culturel le plus imposant du monde occidental. Un peuple qui ne semble cependant plus réussir à se libérer de ce passé, en lutte constante pour un présent qui n'arrive jamais. Un peuple qui s'est inventé le futur il y a à peine deux siècles en utilisant le verbe « vouloir », peut-être, je l'espère, au sens de « revendiquer ».

---

1. Nikos Dimou, *op. cit.*, p. 35, aphorisme 49. *(N.d.T.)*

BIBLIOGRAPHIE

«Je fus parfois troublé par de [mélancoliques] pensées,
[…]
Et, plus que tout, par quelque chose d'étrange habitant
Mon esprit, un sentiment de ne pas être pour cette heure,
De ne pas être pour ce lieu.»

William WORDSWORTH, *Le Prélude*[1].

Mettre noir sur blanc mes intuitions, mes manies, ma sensibilité et mes obstinations à propos de la langue grecque (cultivées durant plus de quinze ans de débats animés et d'ardents conciliabules avec moi-même) m'a poussée à consulter des dizaines de manuels et de textes académiques.

À l'heure actuelle, même après avoir terminé le livre, je n'ai toujours pas trouvé de réponse : la plupart des ouvrages que j'ai épluchés répètent soigneusement et avec une pédante précision plus ou moins les mêmes choses que celles répétées depuis des siècles dans les

1. William Wordsworth, *Le Prélude ou la Croissance de l'esprit d'un poète*, traduction, présentation et notes par D. Bonnecase, Paris, Le Sandre, 2013, p. 95, traduction légèrement modifiée d'après la première version du texte de Wordsworth. *(N.d.T.)*

bibliothèques et les amphithéâtres de l'université. J'y ai certes trouvé la confirmation de ce que je savais déjà, mais peu de choses que je ne savais pas.

Peut-être qu'il s'agit vraiment de l'« étrangeté que j'ai dans la tête » ou que j'ai un sixième sens particulier pour le grec : c'est vrai, je pense et je raisonne aujourd'hui en grec ancien.

Comme me l'a enseigné le professeur émérite Maria Grazia Ciani, j'assume l'entière responsabilité de ce qui est raconté dans ce livre. Là où j'aurais pu me tromper, omettre, mal comprendre, fantasmer, j'en demande pardon d'avance.

La plupart des textes qui ont contribué à la rédaction de ce livre n'ont rien à voir avec le grec, mais ont à voir avec la vie. Parfois, il ne s'agit même pas de livres, mais de musique, de lieux, de tableaux, d'êtres humains.

Quant à la littérature spécialisée que j'ai consultée, en voici la liste :

A. Aloni (éd.), *La lingua dei Greci*, Rome, Carocci, 2011.

E. Campanile, B. Comrie, C. Watkins, *Introduzione alla lingua e alla cultura degli Indoeuropei*, Bologne, Il Mulino, 2010.

P. Chantraine, *Morphologie historique du grec*, Paris, Klincksieck, 1947.

N. Dimou, *Du malheur d'être grec*, traduit du grec par Eurydice Trichon-Milsani, Paris, Payot, 2016 [2012].

F. Fanciullo, *Introduzione alla linguistica storica*, Bologne, Il Mulino, 2011.

L. Heilmann, *Grammatica storica della lingua greca*, Turin, Sei, 1963.

seul centre à avoir été des siècles durant le gardien de l'être grec à travers la conservation de l'antique κοινή était l'Église. Ce fut donc forcément vers elle que l'on se tourna pour donner à l'hellénisme renaissant une langue commune.

Au terme de la guerre d'indépendance, l'unique manière de retrouver une perception commune du monde était de faire un pas en arrière : un pas en arrière de deux millénaires puisque la Grèce moderne qui venait de naître retrouva en fait son identité dans les racines communes de l'Athènes de Périclès du Ve siècle avant J.-C. Ce fut donc la langue écrite dérivant de la κοινή hellénistique, dérivée elle-même du dialecte ionien-attique, qui donna à la Grèce une langue unie correspondant au sentiment reconquis d'unité nationale.

La prononciation du grec moderne fut obtenue en conservant ce qui était commun à la plupart des Hellènes et en éliminant tous particularismes locaux. Le vocalisme de la κοινή fut récupéré dans son intégralité, ainsi que la graphie. La phonétique générale du grec moderne est encore celle de l'antique langue hellénistique, même si certaines consonnes se prononcent différemment. Quant à la grammaire, bien qu'il soit certes impossible de ramener à la vie des formes disparues et oubliées depuis des millénaires telles que la valeur aspectuelle, le duel, l'optatif, le datif, le grec *moderne* est cependant resté en tout point *antique*. La distinction entre présent et aoriste s'est maintenue, avec toute sa valeur sémantique, et l'on trouve encore dans la langue courante une déclinaison des noms au nominatif, à l'accusatif, au génitif et au vocatif (bien que le génitif pluriel soit peu usité, et que nominatif et vocatif se confondent souvent).

Les innovations linguistiques du grec moderne sont surprenantes. L'élimination de l'infinitif du verbe – un trait commun au grec et aux langues balkaniques – et l'invention du futur obtenu par une périphrase du verbe *vouloir* : « je jugerai » se dit θά κρίνω, « je veux juger » – et par conséquent « je jugerai ».

La langue que l'on vient de décrire est dite καθαρεύουσα, c'est-à-dire *puriste* ou *purifiée*, langue qui plonge si loin ses racines qu'elle effleure l'idiome attique d'Athènes. Au moment où elle fut constituée, elle n'était parlée par personne, mais l'école, la littérature, les journaux, l'État, l'administration et la politique ont réussi à l'introduire dans l'usage de tous les jours jusqu'à obtenir des effets inattendus : à la caserne, il est courant aujourd'hui d'utiliser ὅπλον en parlant d'un soldat avec un fusil, précisément comme *l'hoplite*, le fantassin grec typique du Ve siècle avant J.-C. !

Le grec moderne a donc subi un processus d'archaïsation inouï et sans exemple dans l'histoire de la linguistique. De fait, le grec est la seule langue européenne à n'avoir jamais évolué en *autre chose qu'elle-même* – si l'on considère par exemple l'italien, le français, l'espagnol, le portugais et le roumain à partir du latin –, mais a toujours réagi à l'histoire par des convulsions *intérieures à elle-même*.

Toutefois, les langues artificielles, *partisanes*, de *résistance*, ont toujours le défaut de ne pas être comprises par le peuple, et de ne pas correspondre à son identité. Il a donc surgi en Grèce une réaction, encore vive aujourd'hui, de la part des intellectuels qui ressentent

O. Hoffmann, A. Debrunner, A. Scherer, *Storia della lingua greca*, Naples, Macchiaroli, 1969.

Isidore de Séville, *Étymologies*, édition multilingue, Paris, Les Belles Lettres (Auteurs latins du Moyen Âge), 1981-.

W. P. Lehmann, *Theoretical Bases of Indo-European Linguistics*, Londres/New York, Routledge, 1993 [version italienne : *La linguistica indoeuropea. Storia, problemi e metodi*, trad. par F. A. Leoni, Bologne, Il Mulino, 1999].

F. Michelazzo, *Nuovi itinerari alla scoperta del greco antico. Le strutture fondamentali della lingua greca: fonetica, morfologia, sintassi, semantica, pragmatica*, Florence, Firenze University Press, 2007.

L. R. Palmer, *The Greek Language*, Londres, Faber & Faber, 1980.

D. Pieraccioni, *Morfologia storica della lingua greca*, Florence, D'Anna, 1975.

R. Pierini, R. Tosi, *Capire il greco*, Bologne, Pàtron, 2014.

V. Pisani, *Storia della lingua greca*, Turin, Sei, 1960.

O. Szemerényi, *Einführung in die vergleichende Sprachwissenschaft*, Darmstadt, Wissenschaftliche Buchgesellschaft, 1970 [version italienne : *Introduzione alla linguistica indoeuropea*, G. Boccali, V. Brugnatelli, M. Negri, éd., Milan, Unicopli, 1985].

F. Villar, *Los indoeuropeos y los orígenes de Europa*, Barcelone, Gredos, 1991 [version italienne : *Gli indoeuropei e le origini dell'Europa: lingua e storia*, traduction par D. Siviero, Bologne, Il Mulino, 1997].

V. Woolf, « De l'ignorance du grec », in *Essais choisis*, édition et traduction de l'anglais par Catherine Bernard, Gallimard (Folio classique), 2015.

Il est des femmes qui ne sortent jamais dans le monde sans rouge à lèvres dans leur sac à main. Je ne porte pas de rouge à lèvres, mais depuis plus de dix ans, j'emporte avec moi, de ville en ville, un exemplaire de l'incomparable *Aperçu d'une histoire de la langue grecque* d'Antoine Meillet (Paris, Klincksieck, 2004 [1913]), source de l'inspiration et de la liberté qui ont donné l'élan et le sens à tout.

REMERCIEMENTS

« Well you've done it again, Virginia
made another masterpiece while I was dreaming.
How does it feel to feel like you?
Brilliant sugar brilliant sugar brilliant sugar turn over. »

The National, « *You've Done it Again, Virginia* ».

Ce livre est le fruit de mon étrangeté, mais il n'aurait pas été possible sans l'amour de quelques personnes.

Le premier merci, le plus grand, est adressé à mon professeur, et surtout mon amie, Maria Grazia Ciani, qui a accompagné de sa bienveillance la rédaction de chaque page. Ma gratitude est immense envers son affection, sa précision, sa liberté et son amitié ; je promets de ne jamais me trahir et de continuer à étudier le grec avant tout pour me connaître moi-même.

Ce livre n'aurait jamais vu le jour sans une rencontre, de celles qui donnent un sens à tout, avant même que rien soit advenu. Je remercie donc Maria Cristina Olati de m'avoir dénichée, de m'avoir confrontée à mon talent et à ma peur, et d'avoir été à mes côtés les jours où je n'y croyais pas (les plus nombreux) et ceux où en revanche j'y ai cru.

Un merci particulier à un ami qui m'a écoutée et soutenue chaque jour, en m'apprenant beaucoup et en ne me laissant jamais seule. Je lui dois beaucoup. *Nous sommes entre nous*, Alberto Cattaneo, toujours.

Merci à ma meilleure amie, Lena Pletinck, qui est belge et qui ne comprendra donc pas un traître mot de ce livre, mais nous continuerons à nous comprendre dans notre langue à nous, en voyageant ensemble de par le monde ; *sometimes life is too short and the world is too small, we know*.

Merci à mon père, Giuseppe, dit « *teta* », qui m'a élevée en m'enseignant la dignité, la générosité, la légèreté et le rare don de rire quand il n'y a pas de quoi.

Merci aussi à mon désormais célèbre chien Carlo qui me suit de ville en ville depuis neuf ans en supportant tout (et surtout moi), mais qui n'a jamais, pas un seul jour, cessé de me regarder de ses yeux qui savent seulement dire *j'ai confiance en toi*.

Merci aux filles Francesca et Anna, à Davide, au Grec accompli qu'il est devenu ainsi qu'à tous ses sangliers, et à mon ami Michael qui m'a lue depuis la Californie.

Merci à Alessandro D'Avenia pour l'élégance avec laquelle il est resté à mes côtés durant toutes les péripéties de ce premier livre.

J. B. T., *Hvala*.

Merci aussi à tout Venise (celle de Livourne) pour m'avoir toujours comprise surtout lorsqu'il n'y avait vraiment rien à comprendre.

Merci à Sarajevo, j'y ai été heureuse. J'y reviens toujours et un jour, ce sera pour toujours.

Pour finir, tous les poèmes cités dans ce livre ont été choisis par Fabio Chiusi. Δυστοπία, notre amour.

Table

PAPIER À BASE DE FIBRES CERTIFIÉES

Le Livre de Poche s'engage pour l'environnement en réduisant l'empreinte carbone de ses livres. Celle de cet exemplaire est de :
300 g éq. CO_2
Rendez-vous sur www.livredepoche-durable.fr

Composition réalisée par Soft Office

Achevé d'imprimer en août 2022 en Espagne par
CPI BLACK PRINT
Dépôt légal 1re publication : février 2019
Édition 06 – août 2022
LIBRAIRIE GÉNÉRALE FRANÇAISE
21, rue du Montparnasse – 75298 Paris Cedex 06

57/9527/7